포경은 없다

포경은 없다

초판 1쇄 발행 | 2014년 9월 1일

지은이 | 김대식 · 방명걸
펴낸이 | 윤태일
펴낸곳 | 올리브 M&B(주)
편집 | 권미나 · 홍혜경
디자인 | 손미란

등록 | 제22-72호 (2003년 7월 14일)
주소 | 서울특별시 금천구 가산동 60-17 백상스타타워1차 701호
전화 | 02-3447-5129
팩스 | 02-599-5112
홈페이지 | www.olivemnb.com
ISBN 978-89-90673-33-6   03340

국립중앙도서관 출판예정도서목록(CIP)

포경은 없다 / 김대식, 방명걸 지음. -- 서울 : 올리브 M&B,
2014
    p. ;   cm

ISBN 978-89-90673-33-6 03340 : ₩10900

포경 수술[包莖手術]

513.63-KDC5
616.65-DDC21   CIP2014023905

김대식 · 방명걸 지음

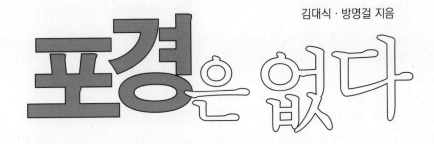

포경은 없다

올리브 M&B

최단기간 내에
세계 1위 포경 수술 대국이 된
대한민국

세계 역사에 길이 기록되어야 할 일이 있다. 바로 우리나라가 30년 만에 세계 제1위의 포경 수술 대국이 되었다는 것이다. 우리 주변국 북한, 러시아, 일본과 중국의 포경 수술 비율은 2%에 불과하다. 선무당이 사람 잡는다는 이야기가 있다. 우리나라 포경 수술의 역사에 이것처럼 적절한 표현도 드물 것 같다.

우리나라와 필리핀은 미국의 포경 수술 문화를 기형적으로 받아들였다. 현재 미국처럼 인구의 과반수 이상이 '의학적 이유로' 포경 수술을 받는 나라는 이 두 나라뿐이다. 그런데도 포경 수술이 우리나라 문화, 역사, 지리적 현황에 걸맞지 않는 외래 문화라는 것을 알고 있는 사람은 많지 않다.

우리는 우선 세계적으로 포경 수술이 얼마나 드물게 행하여지는 가를 알 필요가 있다. 예를 들면 일본의 포경 수술 비율은 1% 이하이며, 덴마크의 포경 수술 비율은 1.7%, 스웨덴과 노르웨이는 1% 미만이다. 유럽에서 포경 수술 비율이 가장 높은 영국마저도 포경 수술 비율은 5.6%에 불과하다. 핀란드의 경우 포경 수술의 비율은 0~7%로 추정된다. 최근에는 포경 수술이 필요한 환자인 경우에도 연고 등으로 치유할 수 있다는 것이 알려지면서 유럽, 미국, 호주, 캐나다, 일본 등의 선진국들에서는 포경 수술 자체를 완전히 없애자는 움직임도 매우 거세다. 신생아 때 포경 수술을 받았던 많은 사람들이 '자연 그대로' 돌아가기 위하여 '역 포경 수술'을 받고 있기도 하다.

포경 수술은 말 그대로 극소수의 포경(phimosis) 환자에게 필요한 수술이다. 여기에서 극소수는 100명 중 1~2명 정도를 의미한다. 실제로 미국, 미국의 식민지였던 필리핀, 그리고 남한을 제외한 세계 모든 국가의 의학적 포경 수술은 주로 성인 남자에게 실시되며 그 수는 100명 중 1~2명꼴에 불과하다.

포경은 성인이 되어서도 발기 시 저절로 혹은 손으로 포피를 뒤로 당겨도 귀두가 드러나지 않는 성기를 말한다. 이런 특수한 경우에만 행하는 것이 포경 수술이며 일반적으로 만 21세가 되면 99%의 남성들은 포피를 젖힐 수 있다. 외국의 포경 수술 비율이 낮은 이유도 같은 연장선에 있다. 반면에 우리나라는 어떤가?

우리나라의 포경 수술은 6·25 전쟁 후 50, 60, 70년대에 미국의 포경 수술을 대대적으로 모방하면서부터 시작되었다. 그러다가 지금은 '포경 수술의 원조' 미국보다 포경 수술 비율이 훨씬 높고, 언제부터인가 어린아이이건 신생아이건 어른들이건 가리지 않고 포경 수술을 받는 것이 당연하게 여겨져 왔다. 지금 우리나라에서는 대다수의 어린아이들이 부모나 사회적인 분위기의 강요로 포경 수술을 받는다. 포경 수술은 어른이 되기 위하여 필요한 것이라는 '모슬렘적', '아프리카 부족적' 믿음이 어린이들 사이에조차 워낙 널리 퍼져 있기 때문이다.

이러한 사실은 우리가 미국의 포경 수술을 받아들이는 과정이 아무런 연구나 성찰없이 무조건적이었으며 그나마 미국 포경 수술에 대한 실상을 모르는 채 수술 방법만 배워 왔다는 데서 기인한다. 미국에서는 포경 수술이 오랜 세월을 거쳐 점차적으로 받아들여졌다가 최근에 포경 수술에 의학적 이득이 없다는 사실이 마침내 밝혀지면서 포경 수술이 빠르게 줄고 있는 추세에 있다. 게다가 미국에서 시행되고 있는 포경 수술의 경우 언제나 신생아에게만 시술되고 소년, 청소년, 성인기의 포경 수술은 거의 존재하지 않는다.

반면에 우리나라는 세계에서 최단기간 내에 세계 최고의 포경 수술 대국이 되었다. 이것은 나이에 관계없이 마구잡이로 수술을 받았기 때문에 가능하였다. 현재 우리나라의 포경 수술은 미국의 포경 수술 추세와는 관계없이 아프리카 부족 국가나 이슬람교도 국가의 양상을 띠고 있다. 즉 일종의 소년기 성년식이 된 것이다. 포경 수술의 비율이 20대의 경우 90%에 이른다는, 세계 절대다수의 사람들에게는 믿기 어려운 사실이 우리나라에서는 '누구나 알고 있는' 상식에 속한다.

우리나라의 포경 수술은 이미 의학적 포경 수술의 범위를 벗어나 종교적 포경 수술의 성격을 띤다고까지 말할 수 있다. 여기에서 종교는 이슬람교와 유대교를 뜻한다. 우리나라 젊은이들의 포경 수술 비율이 이미 이슬람교나 유대교 국가의 종교적 포경 수술 비율에 육박하며 경우에 따라서는 능가한다는 사실은 세계 역사에 길이 기록되어야 할 기현상이다.

어쩌다 이런 상황이 벌어지게 되었는가? 단적으로 말해, 정보와 상식이 부족하였기 때문이다. 포경 수술을 시술하는 의사들조차 가까운 나라 일본이 포경 수술을 거의 하지 않는다는 사실을 몰랐다. 유럽은 말할 것도 없고, 미국의 포경 수술 비율도 우리보다 낮고 그나마도 점차 감소하고 있다는 사실을 아는 사람도 거의 없었다. 많이 배웠다는 사람들조차 포경 수술이 전 세계적인 현상이 아니라고 하면 처음에는 도무지 믿으려 하지 않는다. 단 수십 년 만에 포경 수술 세계 제1위 국가가 되었으면서도 최근 저자들이 한국 포경 수술의 실상을 국제 학술지에 알리기 전에는 이를 다룬 논문 한 편조차 없었다.

아직도 포경의 정의는 잘못되어 있는 경우가 많다. 포경 수술에 대한 교과서와 백과사전의 정보도 미국에서 한때 유행하던 설들을 앵무새처럼 되읊는 수준이다. 가장 문제인 것은 포경 수술이 필요한 사람은 100명 중 1명꼴이라는 사실을 어디에서도 가르쳐주지 않는 것이다.

그러다 보니 신문이나 인터넷은 온통 잘못된 포경 수술 기사로 가득 차 있고 심지어 '포경 수술은 언제 받는 것이 좋습니까?'라는 어처구니없는 질문과 '12세 겨울 방학 때가 좋습니다'라는 한심한 대답이 주요 일간지에 버젓이 실리고 있다. 그나마 괜찮은 교과서들에서조차 '포경 수술이 누구에게나 필요한 것은 아니다'라는 식의 애매모호한 표현을 하고 있다. 포경의 빈도나 세계 포경 수술의 동향, 최신 지식 같은 것은 전무하다.
저자들은 절대다수의 우리 국민들이 포경 수술에 대하여 가지고 있는 잘못된 상식들을 바꾸어 주기 위하여 집필을 결심하게 되었

다. 대략적으로 우리 국민들이 가지고 있는 포경 수술에 관한 상식들을 정리하면,

첫째, 포경 수술은 '어른이 되기 위해' 누구나 해야 한다.
둘째, 포경 수술은 전 세계적 현상이다.
셋째, 포경 수술을 하면 부인들이 자궁암 등을 방지할 수 있다.
넷째, 포경 수술을 하면 성생활에 좋다.
다섯째, 포경 수술을 하면 성병 예방에 도움이 된다.
여섯째, 포경 수술을 하면 위생상 좋다.

이러한 '상식들'의 대부분은 포경 수술의 원조 격인 미국에서조차 지금은 받아들여지고 있지 않으며 기껏해야 논란의 대상이 되는 정도이다. 심지어 '미신'의 범주에 속하는 것도 있다. 그런데 우리 나라에서는 미국의 예전 교과서에서 힐끗 보거나 한때 유행하던 설들을 들은 '한국인 전문가'들에 의하여 사실로 굳어 버렸다. 우리는 이러한 잘못된 상식들을 진정한 상식과 지식에 의거하여 바로잡고, 최근 연구에 근거하여 새로이 발표된 글들을 축으로 잘못된 포경 수술의 관행을 바로 잡기 위하여 이 책을 내놓게 되었다.

김대식, 방명걸

우리 문화의 돌연변이 포경 수술,
이제 그만 역사 속으로
떠나보내야 할 때

2002년 우리는 ≪우멍거지 이야기≫를 세상에 내놓았다. 그 책에서 포경 수술이 해방 후 미군에 의하여 도입된 이후 우리나라가 어떻게 20~30년 만에 세계 제1위의 포경 수술 대국이 되었나를 밝혀냈다. 우리나라의 포경 수술은 미국에 의한 일종의 문화 침략이었던 셈인데, 우리나라 사람들은 포경 수술을 하는 것을 선진화 혹은 산업화와 동일시했던 것이다.

≪우멍거지 이야기≫는 저자들이 1999년과 2002년에 영국 비뇨기과학회지에 각각 게재했던 두 편의 논문 〈한국 포경 수술의 역사〉, 〈출생률보다도 높았던 한국의 포경 수술 비율〉이 기초가 되었다. 지금도 일본이나 북유럽 선진국들이 포경 수술을 전혀 하지 않는

다는 사실을 이야기하면 놀라는 사람이 많은데 12년 전에야 말할 것도 없었다.

그 후 실로 많은 일들이 있었다. 우선 〈포경 수술과 섹스〉에 대한 논문을 2007년에 영국 비뇨기과 학회지에 게재하였다. 우리나라에는 20~30세 이후에 포경 수술을 받은 남성들이 수백만 명 생존하고 있다. 이 사실은 당연히 비극이지만 다른 한편으로는 기회이기도 했다. 포경 수술 전후 섹스의 차이에 대하여 이야기할 수 있는 남성들이 그렇게 많은 나라는 우리나라밖에 없었던 것이다!

우리는 설문 등을 통해 포경 수술이 섹스에 미치는 영향은 결코 긍정적이라고 볼 수 없으며 오히려 부작용이 많다는 사실을 밝혀냈다. 그 논문은 짧은 시간 안에 세계 학회에서 인정을 받아, 구글 학술 검색(google scholar)에 의하면 이미 100회 넘게 인용되었다. 우리나라의 비극을 세계 학술 발전에 대한 기여로 승화시킨 것이다.

저자들은 ≪우멍거지 이야기≫가 매개체가 되어 구성애 선생을 만날 수 있었다. 구성애 선생은 열성적으로 포경 수술의 진실에 대하여 강의하고 우리와 함께 설문 조사를 했다. 그 결과 우리나라 포경 수술이 드디어 감소하기 시작했다는 사실을 밝혀냈다. 저자

들은 구성애 선생과 함께 〈대한민국 포경 수술 급감〉을 저술하여
2012년에 'BMC 공중보건 저널'에 게재하였다.

저자들은 ≪우멍거지 이야기≫와 구성애 선생의 강의가 대한민국
포경 수술을 지금까지 1백만 건 정도 줄였다고 자부한다. 그러나
갈 길은 아직도 너무 멀다. 아직도 유명 연예인들이 자랑처럼 포
경 수술 경험을 고백하는 것을 보며 한번 잘못된 문화가 고쳐지기
까지 얼마나 많은 시간과 노력이 드는가를 새삼 느끼며 마음을 다
시 한 번 다져 본다.

다행히 그동안 많은 동지가 생겼다. '포경 수술 바로 알기 연구회
(이하 포바연)' 카페를 정열적으로 운영하는 전문의 노석 선생은
저자들에게 아주 큰 힘이 되어 주었고 이제 다음 세대를 이끌어
갈 지도자로서 자격을 갖추어 가고 있다. 전문의로서 바쁜 와중
에, 때로는 동료들의 따가운 시선을 이겨 내며 오직 진실을 알리
고 우리 아이들이 올바른 선택을 할 수 있도록 헌신하는 노 선생
에게 격려와 찬사를 보낸다. 포바연의 다른 멤버들에게도 고마운
마음을 전하고 싶다. 또한 그 외에도 의료계, 법조계, 교육계 등에
서 우리를 돕고 계신 많은 분들에게도 감사를 드린다. 마지막으로
개정판이 나오기까지 애써 주신 (사)푸른아우성 김애숙 이사에게
도 감사한 마음을 전해 드린다.

우리는 이제 개정판을 통하여 포바연과 함께 또 다른 시작을 하려
고 한다. 부디 우리 문화와 역사 속으로 돌연변이처럼 들어와 버
린 포경 수술에 대한 넓은 지식을 바로 알려서 독자들이나 부모님
들이 스스로 올바른 결정에 도달하기를 간절히 바란다.

2014년 8월 김대식, 방명걸

남성은 다 포경 수술을 하는 걸까?

세상의 남성은 모두 포경 수술을 하는 걸까? 언제부터 인지 우리나라 남성들의 대부분은 포경 수술을 하고 있고, 전세계 남성들 역시 성인이 되기 위해서는 포경 수술을 한다고 생각한다. 과연 그럴까?

오른쪽에 있는 위키피디아wikipedia 사전에 나온 〈포경 수술로 본 세계 지도〉를 살펴보자. 포경 수술을 대대적(80% 이상)으로 하고 있는 나라들은 진한 파란색으로 표시되어 있다. 연한 파란색은 20~80% 정도 하는 나라들이다. 그리고 가장 밝은 하늘색은 거의 안 하는 나라들로 0~20%의 비율을 가진다. 놀랍게도 전 세계적으로 포경 수술을 하는 나라는 그다지 많지 않다. 그나마도 절대 다수가 이슬람교 국가, 아프리카 국가 들이다. 재미있게도 필리핀이 우리나라와 함께 진한 색으로 표시되어 여기에 동참하고 있다. 의학적 포경 수술의 원조인 미국보다도 높은 비율이라니 놀랍지 않은가.

사실 우리나라의 포경 수술은 해방 직후부터 시작되었지만 얼마 전까지만 해도 대다수 남성들이 포경 수술을 받았다. 하지만 저자들이 국제 학술지에 우리나라 포경 수술 상황을 처음으로 소개하기 전까지 세계는 우리 실정을 몰랐다. 물론 우리도 전 세

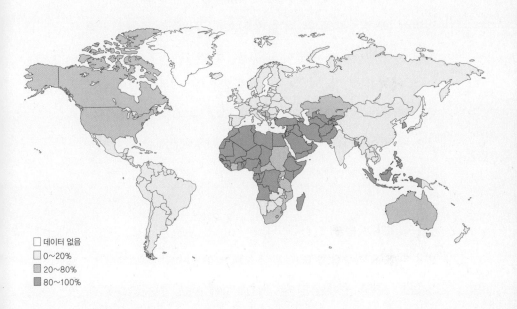

데이터 없음
0~20%
20~80%
80~100%

| 포경 수술로 본 세계 지도 | 대부분의 남성들이 포경 수술을 하는 경우는 절대 다수가 이슬람교 국가, 아프리카 국가 들이다. (*wikipedia*)

계 남성들이 모두 포경 수술을 하는 것으로 알고 있었다. 그렇다면 전 세계 남성 중 포경 수술을 받는 비율은 얼마나 될까? 여러 가지 통계를 종합하면 약 20%로 추정된다.

이제 〈포경 수술로 본 세계 지도〉에서 우리나라 주변을 살펴보자. 결론적으로 우리만 하고 있다! 그러면 왜 우리나라 주변국인 일본, 러시아, 중국, 북한은 하지 않을까? 사실 이것은 잘못된 질문이다. 왜냐하면 동양 문화권에서는 포경 수술을 안 하는 것이 당연하며 우리나라가 매우 독특한 경우이기 때문이다.

세계는 어떻게 우리나라가
포경 수술을 하는 사실을 알게 되었나

사실 세계는 일본, 중국과 함께 유교, 불교 문화에 해당하는 우리나라가 당연히 포경 수술을 안 한다고 생각하고 있었다. 1999년 영국 비뇨기과 학회지(BJU International)에서 포경 수술 특집호를 기획하고 있었는데, 우연히 저자들과 연락이 닿게 되었다. 대부분의 한국 남성들이 포경 수술을 한다는 사실을 저자들로부터 전해 들은 편집장은 어리둥절해하면서도 한국의 상황을 세계에 알려 줄 것을 요청하였다.

저자들은 부랴부랴 571명의 남성들을 대상으로 한 우리나라의 포경 수술 현황을 정리하여 영국 비뇨기과 학회지 포경 수술 특집호에 게재하였다. 이 논문으로 세계는 우리나라의 특이한 포경 수술 상황을 알게 되었고 포경 수술 세계 지도에 진한 색으로 표기되는 영광(?)을 얻게 되었다.

우리는 어떻게 세계를 알게 되었나

사실 저자들도 포경 수술은 전 세계적인 상황이라고 믿고 있었다. 단지 외과 수술을 거의 적용하지 않은 전통 의학에는 포경 수술이 없었을 것이므로 아무리 빨리 잡아도 구한말 이후에 수입되었을 것이라는 막연한 생각은 한 적이 있었다. 그러다가 미국 유학 시절 다양한 인종과 국적을 지닌 친구들과 대화하면서 적어도 일본, 유럽, 중국, 러시아, 남미 남성 들은 포경 수술을 거의 하지 않는다는 '놀라운' 사실을 알게 되었다. 심지어 특정 국가에서 온 의사들은 포경 수술이라는 말 자체조차 이해하지 못했다.

문화적 충돌

　　포경 수술에 대한 상식의 부재가 빚은 해프닝 하나를 소개한다. 1980년대 캐나다의 대학에서 유학 생활 중이던 한 친구는 25세가 될 때까지 포경 수술을 하지 않은 상태였다. 군대를 면제받았다는 것도 아마 일조를 했을 터이다. 그러다가 방학을 이용하여 학교 병원에 갔다. 앞으로 결혼도 해야 하고 또래 친구들 대부분이 이미 수술을 했기 때문에 큰마음을 먹고 병원을 찾은 것이다.

　　다음은 의사와 이 유학생과의 대화이다.

의사 _ 어떻게 왔냐?

유학생 _ 포경 수술을 받고 싶어서 왔다.

의사 _ 네가 포경 환자냐(Do you have phimosis)?

유학생 _ 어……(포경이 무슨 뜻인지 정확히 모르니까 주저하는 것은 당연했다).

의사 _ 바지를 벗어 봐라.

　　유학생이 바지를 내리니까 의사는 대뜸 유학생의 거시기를 잡더니 포피를 뒤로 잡아당겼다. 그랬더니 물론 귀두가 다 드러났다. 이 유학생의 경우 중학교 1학년경부터 포피가 귀두로부터 분리되었다.

의사 _ 너는 당연히 포경 수술을 할 필요가 없다.

유학생 _ 그게 무슨 소리냐, 나는 결혼도 해야 하고…

의사 _ (웃으면서)너 혹시 한국에서 오지 않았느냐?

유학생 _ (놀라면서)그렇다. 어떻게 알았냐?

의사 _ 포경 수술을 요구하는 유학생은 필리핀과 남한 학생밖에 없다.

유학생 _ 그래도 나는 포경 수술을 받아야 한다.

의사 _ 나는 해 줄 수 없다. 너는 정상인이기 때문에 포경 수술을 받을 필요가 없다.

유학생 _ 그래도 우리 친구들이 다 해서 나도 해야 한다.

의사 _ 나는 절대로 해 줄 수 없다. 왜냐하면 너는 정상적인 포피를 가지고 있기 때문이다.

결국 이 유학생은 한국에 돌아와서 포경 수술을 할 수밖에 없었다.

우리나라는 소리 소문 없이 대다수의 남성들이 포경 수술을 받았다. 저자들이 국제 학술지에 우리나라 포경 수술 상황을 처음으로 소개하기 전까지 세계는 우리 실정을 몰랐으며, 우리 역시 세계 실정을 전혀 몰랐다.

우리나라 포경 수술 이야기

이순신 장군과 세종대왕은 포경 수술을 했을까?
포경 수술은 해방 직후 시작되었다!
우리 할아버지들, 아들 손자와 함께 포경 수술 받다
한국 포경 수술, 한때 100%를 넘다!
남한의 포경 수술은 미군의 주둔과 함께 시작
왜 이렇게 되었나? 우리들의 무지, 의사들의 무지
의사들은 선진국민, 백인은 포경 수술 했을 것이라고 착각했다
의사들은 사실 포경이 무엇인지 제대로 몰랐다
남한의 포경 수술, 이미 크게 줄기 시작했다
정보는 아직도 비대칭적이다
남한, 아프리카, 그리고 남아프리카 공화국

이순신 장군과 세종대왕은 포경 수술을 했을까?

우리나라 한의학에는 전통적으로 외과 수술이 없다. 또 신체발부는 부모에게 받은 것이라 해서 몸의 어떤 부분도 훼손하는 것을 극도로 금기시하였다. 따라서 중국의 전족 같은 악습도 발붙일 수 없었다. 그렇다면 한국 포경 수술의 시작은 어느 시점일까? 삼국시대? 고려시대? 조선시대? 임진왜란? 일제 강점기? 해방? 6·25 전쟁? 유신 시대?

그럼 과연 세종대왕은 포경 수술을 했을까? 이순신 장군은?

여기에 대한 답은 앞서 본 〈포경 수술로 본 세계 지도〉에 있다. 이 지도에서 우리나라 주변만 확대해 보자. 동아시아에서 우리나라와 필리핀만 하고 있다. 포경 수술의 기원이 만약 조선시대 이전까지 올라간다면 당시 문화의 많은 부분을 공유하고 있었던 일본과 중국이 포경 수술을 안 했을 리 없다. 북한은 말할 것도 없다. 이렇게 본다면 남북한이 갈린 후, 즉 해방 이후에 포경 수술이 시작되었다고 가정하는 것이 합리적이다. 이제 질문의 답을 해 보자. 세종대왕과 이순신 장군은 당연히 포경 수술을 하지 않았다!

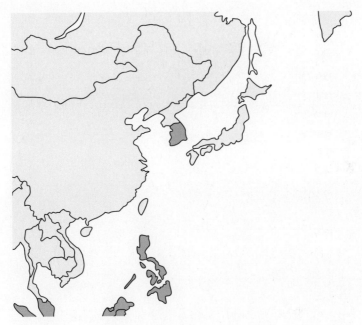

| 우리나라 주변의 포경 수술 상황 | 극동에서는 남한만이 포경 수술을 하고 있다.

포경 수술은 해방 직후 시작되었다!

해방 이후에 포경 수술이 시작되었다는 것을 어떻게
증명할 수 있을까? 어렵지 않다. 할아버지들을 인터뷰하면 된다!
우리는 2000년 1월부터 12월까지 0~94세의 5,343명의 남성들을
인터뷰했다. 인터넷도 이용했고, 거리에서도 했으며 산에 올라
등산객들도 만났다. 특히 공을 들인 부분은 할아버지들과의 만

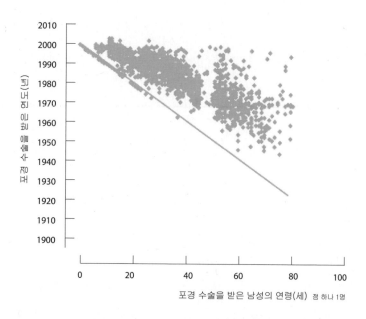

| 포경 수술을 받은 연도와 연령 | 그래프에서 푸른 점 하나는 포경 수술을 받은 남성 1명의 연령과 포경 수술을 받은 연도를 나타낸다. (*BJU International, 2002*)

남이었다. 주말을 거의 탑골 공원에서 보내다시피 하면서 포경 수술의 역사를 파헤쳤고 이 결과를 2002년에 영국 비뇨기과 학회지에 발표하였다(BJU International 89호, 48~54쪽, 2002년).

우리는 이 인터뷰를 통해 할아버지들의 경우 포경 수술을 거의 받지 않았으며, 받았다고 하더라도 그 시기는 거의 모두 해방 이후였다는 것을 밝혀냈다.

앞의 그래프를 보자. 그래프의 점 하나는 포경 수술을 받은 남성 1명의 연령(x축)과 그 사람이 포경 수술을 받은 연도(y축)을 나타낸다. 이 그래프를 통해 세 가지는 분명히 확인할 수 있다.

- 포경 수술은 1945년부터 시작되었다.
- 대대적으로 포경 수술이 시행된 시기는 1960년대이다.
- 포경 수술은 신생아 시기가 아닌 그 이후에 주로 행해졌다.

우리가 인터뷰했던 할아버지 중에 해방 전인 1943년에 포경 수술을 받은 분이 딱 한 분 계셨다. 그분은 당시 세브란스 의대생이었다고 했다. 세브란스 병원이 미국 선교사들에 의해 세워졌다는 것을 생각해 보면 시사점은 분명하다. 포경 수술의 원조인 미국의 영향이 일제 강점기에도 일부 존재했던 것이다.

우리 할아버지들, 아들 손자와 함께 포경 수술 받다

94세 할아버지의 예를 들어 보자. 2014년에 94세 할아버지라면 2000년에는 80세이다. 1945년에는 25세였다.

다음 그래프를 보자. 2000년 기준으로 80세의 포경 수술 비율

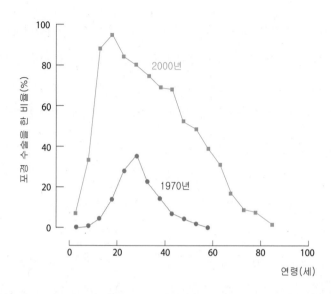

| 연령별 포경 수술 비율 | 1970년에 비하여 2000년의 포경 수술 비율이 훨씬 높다. (*BJU International, 2002)*

은 10% 이하다. 100명 중 10명이 안 된다는 이야기다. 또 포경 수술을 했다면 해방 때 이분이 25세이므로 그 후에 한 것이다. 현재 나이로 60세 정도, 즉 2000년 나이로 50세 정도가 되어야 포경 수술의 비율이 50% 정도를 차지하게 된다.

1970년대의 시점에서는 어떤 연령대에서도 포경 수술의 비율은 40%를 넘지 못했다. 역시 포경 수술의 역사가 엄청나게 짧다는 것을 반증해 준다.

2014년 현재 94세라면 2000년에는 80세이며, 앞의 그래프에서 유추하면, 94세 할아버지들은 포경 수술을 25세 때 받은 분도 있으며 심지어 60세가 되어서 받은 분들도 있다. 즉 94세 노인들은 청년 때부터 시작하여 60대까지, 나이에 상관없이 포경 수술을 받은 것이다. 이러한 사실은 우리 논문에 발표된 이후 세계에 유례가 없는 사례로서 국제적으로 많은 관심을 끌었으며 위키피디아에도 널리 인용되었다.

그런데 도대체 왜 할아버지들까지 포경 수술을 받았을까?

우리가 인터뷰와 각종 자료를 통해 조사한 바에 따르면 가장 큰 이유는 할아버지들의 경우도 '남들이 하니까'의 압박이었다. 여기서 재미있는 것은 실제로는 할아버지들의 포경 수술 비율이 매우 낮으므로 동료들로부터 압력을 받을 이유는 없다는 점이다. 매우 흥미로운 주제이지만 아마도 포경 수술을 받은 할아버지들은 그 사실에 대하여 매우 자랑스럽게 생각하면서 '오피니언 리더'의 역할을 했을 것이란 개연성이 있다. 또 한 가지 이유는 60세쯤 된 할아버지의 경우 아들과 손자가 포경 수술을 받는 연령이라는 점이다. 실제로 우리가 인터뷰한 어떤 할아버지의 경우, 아들과 손자가 포경 수술을 받은 후에 할아버지가 받았다. '부끄러워서', '죽은 후를 생각해서'이다.

놀랍지 않은가! 94세 된 할아버지는 60세에 포경 수술을 받았다. 아들, 손자가 받은 후에!

한국 포경 수술, 한때 100%를 넘다!

포경 수술이 일반적으로 행해지는 국가는 대부분 이슬람교 문화권 국가들이며 이들은 어릴 때 포경 수술을 하기 때문에, 100% 포경 수술을 한다고 가정하더라도 1년에 시행되는 포경 수술의 건수는 태어나는 남아의 숫자보다는 적을 수밖에 없다. 1년에 시행되는 포경 수술의 건수가 태어난 남아 숫자보다 많을 수 있을까? 성경에 그런 예가 있다. 어떤 이방인 민족이 이스라엘에게 속아서 모두 포경 수술(할례)을 받는데 그 고통을 받는 사이 이스라엘의 습격을 받아서 죽임을 당했다는 이야기이다. 그 부족의 모든 이가 다 수술을 받았다고 하니 태어난 남아의 숫자보다 훨씬 많은 건수의 수술이 행해졌을 것이다.

이 경우를 빼고도 포경 수술 비율이 100%를 넘어간 적이 있는데 바로 우리나라의 1970년대에서 1990년대에 그런 일이 벌어졌다! 왜냐고? 할아버지, 아들, 손자가 비슷한 시기에 받아서 그렇다. 삼대가 거의 동시에 포경 수술을 받는 기이한 상황이었던

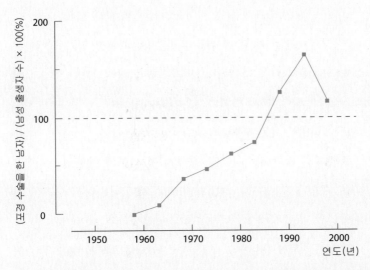

| 우리나라 포경 수술 시술 비율 | 전체 포경 수술 횟수를 남성 출생수로 나눈 비율
이다. *(BJU International. 2002)*

것이다.

우리는 2002년 논문에서 이 사실을 '한국의 특이하게 높은 포
경 수술 비율'로 부르며 증명한 바 있다. 위 그래프에서 보는 바
와 같이 1985년에서 2000년 사이에 우리나라 포경 수술의 비율
은 100%를 넘었다. 할아버지들이 아들, 손자와 같이 포경 수술
을 했다는 것이 증명된 셈이다.

남한의 포경 수술은 미군의 주둔과 함께 시작

　　어떻게 세계 역사에 유례가 없는 이런 일이 일어났는가? 어떻게 5000년 역사에서 포경 수술을 단 한 번도 행하지 않다가 50년 만에 세계 최고의 포경 수술 국가가 된 것일까? 모슬렘도 아니면서 왜? 어떻게?

　포경 수술의 시작이 1945년이라는 것은 이미 말했다. 1945년, 바로 해방이 된 해이다. 해방과 거의 동시에 남한에는 미군이 진주하면서 미 군정에 의한 군사 통치가 시작된다.

　앞으로 살펴보겠지만 미국은 영국과 함께 의학적 포경 수술의 종주국이다. 미국은 2차 세계 대전 당시 멀쩡한 군인들에게까지 포경 수술을 시켰다는 기록이 남아 있다. 남태평양의 열대 기후에 적응해야 한다는 것이 그 이유였다. 이렇게 미국의 포경 수술이 절정을 이루고 있었던 2차 세계 대전 직후에 우리나라와 미국은 서로의 문화를 접하게 된다. 가히 운명의 장난이라고나 할까?

　실제로 탑골 공원에서 할아버지들을 인터뷰하면서 미군 부대에 근무하기 위해서 포경 수술을 받아야 했다는 재미있는 이야기를 들었다. 해방 후에 미군 부대에 근무한다는 것은 상대적으로 엘리트 계층이고 그만큼 경제적, 사회적 지위도 높았다는 것을 의미한다. 포경 수술이 처음에는 특수한 일을 하는 소수(아마도 상대적으로 사회적 지위가 높은 이들)부터 시행되었지만 그 소수가 포경 수술 받은 사실을 자랑스러워하면서 주변에 퍼뜨리지 않았을까 추측해 본다.

그런데 여기서 한 가지 의문이 생긴다. 일본에는 미군이 더 많이, 더 오래 주둔했는데 왜 포경 수술이 퍼지지 않았을까? 답은 의외로 간단하다. 미군은 일본에서도 포경 수술을 퍼뜨리려 했으나, 일본인들에게는 이것이 먹히지 않았다. 미국과 대등한 위치에서 전쟁을 했던 일본과, 일본에 지배받다가 미국에 의하여 '해방'된 우리나라의 문화적 침략의 정도는 이토록 달랐다. 포경 수술에 관한 한 우리나라는 슬프게도 필리핀의 길을 갔던 것이다.

왜 이렇게 되었나? 우리들의 무지, 의사들의 무지

어떻게 남한은 세계 유례 없는 포경 수술 양상을 띠게 되었으며, 왜 이렇게 된 것일까? 누구의 책임일까? 간단히 말해서 우리 모두의 책임이다. 왜 중학교 체육 선생님은 학생들에게 포경 수술은 꼭 필요한 것이라고 말했을까? 그들도 무지의 희생자들이었다. 이러한 무지는 어디서 시작되었을까? 말할 필요 없이 배운 사람들, 사회 지도층, 그중에서도 의사들의 무지가 결정적인 역할을 했다.

의사들의 무지는 우리 국민 모두의 무지와 다를 바 없으며 그렇다고 크게 그들의 잘못도 아니다. 우리 국민이 국제화 시대에 일본, 캐나다, 호주, 유럽의 포경 수술 역사와 현실을 전혀 몰랐다면 이것은 의사들만의 잘못은 아니다. 우리가 필리핀을 따랐다고 해서 그것이 의사들의 잘못만은 아니다. 그러나 일반 국민이 의사들보다 더 잘 알기는 힘들다는 것 또한 사실이다. 이런 의미에서 의사들의 포경 수술에 대한 상식을 조사해 보는 것은 큰 의미가 있는데 우리는 2002년 영국 비뇨기과 학회지에 발표한 논문에서 '놀라운' 사실을 밝혀냈다.

의사들은 선진국민, 백인은 포경 수술 했을 것이라고 착각했다

어떤 무지와 실수였을까? 의사들은 미국만 보고 선진국민, 특히 백인 남성들은 모두 포경 수술을 하는 것으로 오해, 착각했다. 이런 단순한, 그렇지만 이해할 만한 실수가 현재의 엄청난 상황을 가져온 것이다. 이런 결론이 도출된 과정을 한번 살펴보자. 다음과 같은 질문을 267명의 개업의에게 던졌다.

질문 1. 스웨덴과 덴마크의 포경 수술 비율은 얼마일까요?

답을 먼저 말하자면, 스웨덴과 덴마크의 포경 수술 비율은 약 1~2% 정도이다. 이것도 그 나라에 사는 상당수의 모슬렘들이 포함된 숫자다. 그렇지만 이 질문을 받은 의사들의 대답은 어땠을까?

의사들도 일반인들과 마찬가지였다. 의료 선진국이며 복지국가인 스웨덴과 덴마크는 당연히 포경 수술을 많이 하겠지, '멋있는' 백인 남성들이니 당연히 포경 수술을 하겠지, 그렇게 생각했던 것 같다.

사지선다형인데도 답을 맞힌 의사는 전체의 10분의 1도 채 되지 않았다. 50~90%라고 대답한 의사들이 반 이상이었다. 이 질문 하나만 가지고도 우리나라 의사들이 일반인들과 마찬가지로, 선진국민 특히 백인 남성들은 모두 포경 수술을 하고 있을 것이라고 잘못 알고 있다는 것을 확인할 수 있다.

질문 2. 한국, 일본, 북한, 중국 중에서 포경 수술 비율이 50%를 넘는 나라는?

이 질문에 대하여 놀랍게도 의사들은 대부분 한국, 일본이라고 대답했다. 무슨 이야기냐 하면, 못사는 북한과 중국은 포경 수술을 할 리가 없고, 상대적으로 잘사는 한국, 일본은 포경 수술을 할 것이라고 생각했다는 것이다.

〈질문 1〉과 〈질문 2〉의 답을 보면 '선진국은 포경 수술을 하고 후진국은 안 하나 보다' 수준의 매우 유치한 오해가 드러난다. 이러한 오해는 물론 일반 국민들도 가지고 있었던 것이 분명하다. 이렇게 되면 선진국으로 가려는 노력, '잘살아 보세'의 구호가 묘하게 포경 수술과 연결된다. 즉, 1960년대에서 1980년대까지의 비정상적 포경 수술 증가는 산업화와 '잘살아 보세 정신'과 무관할 수 없으며, 슬프게도 이게 단순한 오해에서 비롯되었다는 것이다.

포경 수술이라고 할 때 '포경'의 정의가 무엇인가 역시 매우 중요한 의학적 상식이다. 포경의 정의에 대한 의사들의 인지도를 조사하기 위해 우리는 다음과 같은 질문을 던졌다.

의사들은 사실 포경이 무엇인지 제대로 몰랐다

질문 3. 포경의 정의는 무엇입니까?

포경의 정의는 포피가 귀두로부터 젖혀지지 않는 것이

다. 그러나 대부분의 의사들은 포경을 포피가 귀두를 덮고 있는 것으로 답했다. 평소에 포피가 귀두를 덮고 있는 것은 당연한 것인데 말이다. 이걸 볼 때 포경의 정의에 대한 잘못된 상식이 또한 포경 수술 열풍을 불러 왔다고 할 수 있다. 멀쩡한 사람을 보고, 포경 수술이 필요하다고 생각한 것이다. 이렇게 잘못된 포경의 정의를 가지고 있으니, 다음의 물음에 제대로 답할 수 있을 리가 만무하다.

질문 4. 성인이 되어서도 포경일 확률은?

일반적으로 만 21세가 되어도 포경인 경우에 수술이 필요하며, 이런 경우는 전체 인구의 약 1~2% 정도이다. 그러나 이 질문에 대하여 40% 이상이라고 대답한 의사가 80%가 넘었다. 1~2%라고 대답한 의사는 16%에 불과했다. 사지선다형인데도 말이다. 이렇게 되면 성인이든, 어린아이이든 대부분이 포경 수술의 대상이 되는 것으로 잘못 알게 된다.

이제 우리는 왜 단순한 오해가 한국을 세계 제1위의, 역사에 전무후무한 포경 수술 대국으로 만들었는지에 대하여 알게 되었다. 실제로 의사들이 포경 수술에 대하여 배웠던 것은 한 시간도 채 안 되며 그것도 교과서 반 쪽을 차지하는 내용에 그나마도 예전에 미국에서 쓰인 내용을 여기저기서 발췌한 것이었다. 이제 한국 비뇨기학회 공식 교과서에도 포경 수술은 꼭 필요한 것이 아니라고 나와 있다. 저자들은 100명에 1명꼴로만 필요하다는 것도 지적해 주기 바라지만 그 정도로 인식이 성숙한 것 같지는 않다. 그러나 앞으로 더 많은 의사와 일반인 들이 포경 수술의 역사, 현황, 문화적 배경 등에 대하여 알게 되면 상황은 바뀔 것이다.

남한의 포경 수술, 이미 크게 줄기 시작했다

2002년에 논문이 나온 뒤 10년이 지났다. 일선에서 포경 수술을 하는 의사들로부터 요즘 포경 수술이 줄고 있는 것 같다는 이야기를 듣고 구성애 선생과 함께 2009년에서 2011년까지, 0~64세 사이의 한국 남성들(또는 그들의 부모) 3,296명을 대상으로 포경 수술 여부와 포경 수술을 받았을 때의 연령, 포경 수술에 관한 지식 수준을 물었다. 정말 줄고 있는지를 알고 싶었던 것이다. 이 결과는 2012년 말에 BMC 공중보건 저널(BMC Public Health 12호 1067호, 2012)에 발표되었다. 이 최근 논문을 바탕으로

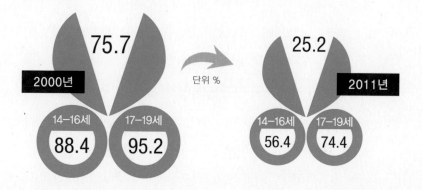

| 최근 10년 포경 수술 감소 실태 | 지난 10년 동안 포경 수술을 받은 비율은 크게 줄었다.(BMC Pubric Health, 2012)

포경 수술이 줄고 있다는 것을 설명하고자 한다.

　그림에서 보듯 우리나라에서 최근 10년간 포경 수술을 받은 남성이 크게 줄어들었다. 특히 포경 수술을 많이 받는 연령대인 14~19세 남성의 수술 비율이 크게 감소됐다. 14~16세는 2002년 88.4%에서 2011년 56.4%까지, 17~19세는 95.2%에서 74.4%로 감소했다. 실제적으로 이 수치의 변화는 피부로 느껴지지는 않을 수도 있다. 그러나 놀라운 사실은 2002년 당시 과거 10년간 포경 수술을 받은 남성은 전체의 75.7%였는데 현재 지난 10년간 포경 수술 받은 비율은 25.2%에 불과했다는 것이다. 즉 이 결과는 현재 포경 수술을 받은 상태의 남성 대부분은 2002년 전에 수술을 받았다는 것이며, 이는 지난 10년간의 실제 변화가 훨씬 크다는 것을 보여 준다. 추측한 내용과 일치하게, 2002년의 조사는 지난 10년간 대부분의 포경된 남성(75.2%)이 그 시점 전에 수술을 받았다는 것을 보여 주고 있다. 14~16세의 주요 나이 그룹에 초점을 맞추면, 한국 남성의 인구 구조를 고려할 때 지난 10년간 포경 수술이 대략 1백만 건 줄어든 것이다. 어마어마한 변화다.

포경 수술 비율은 1980년대와 2000년대 사이에 가장 가파르게 증가했고, 2010년대에는 상당한 비율로 감소했다. 현재 14~

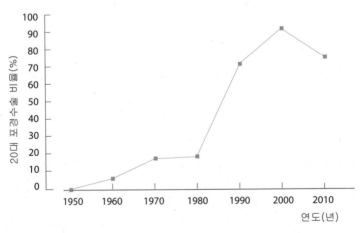

| 지난 60여 년 동안 20대 포경 수술 비율 | 포경 수술 비율의 가장 가파른 증가는 1980년대와 2000년대 사이에 일어났다.(*BMC Public Health, 2012*)

29세의 한국 남성의 포경 수술 비율은 75.8%이다. 2002년 선행 연구에서는 86.3%였다.

이러한 감소는 인터넷, 신문, 강연, 책, 텔레비전을 통해 얻을 수 있는 정보와 깊은 관련이 있다.

포경 수술 받은 인구 내에서는 환자와 그들 부모 모두 구두로 얻은 정보 외에는 포경 수술에 관한 사전 지식이 거의 없었다. 이에 비해 포경 수술을 안 받은 아이들이나 부모는 포경 수술에 대한 지식이 훨씬 풍부했다. 부모들은 인터넷에서 가장 많은 정보를 얻었고, 다음으로 신문, 책, 강연과 텔레비전에서 고르게 정보를 얻었다. 흥미롭게도 포경 수술을 받지 않은 남자아이들은 정보를 압도적으로 인터넷에서 얻은 것에 반해, 포경 수술을 받은 남자아이들은 신문에 정보를 의지하고 있었다. 결론적으로, 포경 수술을 받지 않기로 결정한 데에는 포경 수술에 대한 사전 지식이 크고 중요한 역할을 했다고 보인다.

이러한 포경 수술의 감소 추세는 사실 급격한 편이라고 할 수 있다. 미국도 포경 수술 비율이 줄고 있지만 우리는 그 속도가 훨씬 더 빠르다. 즉 우리나라는 포경 수술 비율이 올라가는 것도 빨랐지만 감소하는 것도 빠르다.

장Zhang 등이 발표한 연구에 따르면, 미국 신생아 포경 수술 감소 비율은 지난 10년간 약 5%였는데, 한국은 같은 기간동안 10.5%나 감소했다. 거의 2배나 더 빠른 셈이다. 또한 지난 10여년간 포경 수술을 받은 남자아이들의 비율은 단지 25.2%로 이는 2002년에 보고된 75.7%에 비한다면 가히 극적인 감소이다. 현재 포경 수술 받은 남자들은 많은 경우 2002년 이전에 수술을 받았다고 봐도 될 듯하다.

정보는 아직도 고르지 않다

우리는 포경 수술 감소의 주요 원인으로, 인터넷 등을 통해 지난 10년 사이 일반인들이 포경 수술 관련 정보를 깊이 있게 접할 수 있게 되었다는 점을 꼽았다. 하지만 아직도 엄청난 양의 포경 수술 관련 정보가 모든 연령대 남자들을 위한 필수적인, 이로운 수술로 포장해 유포되고 있다.

되돌아보면, 1999년 이전에는 정보의 100%가 포경 수술에 찬성이었다. 여기에는 포경 수술을 위한 최적의 나이, 포경 수술을 통해 얻어지는 성 기능 강화, 위생성과 의학적 이득 등의 내용이 포함된다. 1999년 이후에야 몇몇 포경 수술에 반대하는 정보를 구할 수 있게 되었다.

갈 길은 아직도 멀다. 가장 대중적인 검색 엔진인 네이버로 검색하면 오직 3%의 한국 인터넷 사이트만이 무분별한 포경 수술에 반대하고 있고, 나머지 97%는 찬성한다. 그렇지만 이들 소수의 사이트가 정보를 구하는 이들에게 포경 수술을 거부할 수 있는 충분한 근거를 제공하고 있다.

남한, 아프리카, 그리고 남아프리카 공화국

한국의 포경 수술은 전 세계적으로 시사하는 바가 매우 크다. WHO는 최근 사하라 사막 이남의 아프리카에서 대량 포경 수술을 통하여 인간 면역 결핍 바이러스(HIV) 감염을 줄이려는 노력을 행해 왔다. 아이러니한 것은 미국인들은 포경 수술을 덜 하면서 아프리카 사람들에게는 포경 수술을 강권하고 있다는 점이다. 최근 우간다, 케냐, 보츠와나, 모잠비크, 스와질란드, 잠비아, 짐바브웨 같은 나라에서의 포경 수술 증가 실태는 1960~1990년 사이의 한국과 유사하다.

흥미롭게도 전통적 통과 의례로서 포경 수술을 하는 국가인 탄자니아는 의학적인 포경으로 포경 수술의 성격 자체를 변화시키고 있다. 르완다에서는 의학적이든지, 전통적이든지 모든 측면에서 포경 수술을 하지 않는 나라인데, 현재는 의학적 포경 수술이 활기차게 추진되고 있다. 이 점에 있어서 르완다 같은 아프리카 국가들이 50년 전의 한국 상황과 밀접하게 닮아 있다. 포경 수술 정착에 가장 많은 영향력을 행사한 나라가 미국이라는 점과 수술을 해야 하는 이유로 위생 문제를 들고 있다는 점에서 그러하다. 아프리카에서는 HIV 확산을 막기 위해 포경 수술을 해야 한다고 주장하고, 한국에서는 포경 수술의 가장 큰 논리가 자궁암(HPV) 예방이었다. 게다가 1960~2000년까지 포경 수술에 대하여 긍정적인 정보만을 접할 수 있었던 한국처럼 많은 사하라 사막 이남 아프리카 국가들도 그러하다.

반면 남아프리카 공화국의 상황은 현재의 우리나라와 비슷해서 재미있다. 왜냐하면 남아프리카 공화국은 아프리카 대륙에서 가장 높은 삶의 수준을 가지고 있으면서 안으로부터 많은 포경 수술이 비판받고 있는 곳이기 때문이다.

남아프리카 공화국이 다른 영어권 국가처럼 포경 수술이 줄어들지 아니면 HIV 방지 이익에 대한 욕구로 포경 수술 비율이 올라갈 지 궁금하다. 이런 관점에서라도 한국의 포경 수술은 계속해서 전 세계적인 관심거리가 될 수밖에 없다.

다른 나라 포경 수술 이야기

유럽인들은 포경 수술을 하지 않는다

2차 세계 대전 때 솔로몬 페렐이라는 유대 인 소년이 폴란드에 살고 있었다. 할리우드에서 영화로도 만들어진 이야기인데, 독일어와 러시아어에 능했던 페렐은 독일인 행세를 하면서 독일 탱크 부대에서 러시아어 통역을 했다. 나이가 어려서 독일군에게 많은 귀여움을 받던 그는 베를린의 모범 아리아 인종을 위한 소년 군사 학교에 보내졌다. 독일인 행세를 하는 데 있어서 가장 어려웠던 것은 그가 포경 수술을 했다는 사실을 어떻게 감추느냐 하는 것이었다.

여기서 우리는 적어도 한 가지 사실을 알게 된다. 유대 인은 포경 수술을 하는 반면에 독일인은 하지 않았다는 것이다. 그러면 2차 세계 대전 때는 포경 수술을 하지 않았지만 지금은 할 가능성도 있지 않을까? 이러한 질문에 대한 답을 얻기 위하여 우리는 독일 드레스덴 대학의 교수인 칼 레오 박사에게 다음과 같은 질문을 던졌다.

김대식 _ 한국은 포경 수술을 많이 하는데 독일도 포경 수술을 합니까? 독일 포경 수술의 역사는 어떻습니까?

칼 레오 교수 _ 물론 하지 않습니다. 내 형과 돌아가신 아버님이 모두

다 의사여서 잘 아는데, 독일의 포경 수술 비율은 아마 1% 정도일 것입니다. 그것도 포경 환자에게 국한되어 있습니다. 독일은 역사적으로 포경 수술을 한 적이 없습니다. 그런데 왜 물리학 연구는 안 하고 이런 데 관심이 많습니까? 한국이 포경 수술을 한다는 것은 의외입니다. 나는 유대 인이나 이슬람교도들만 포경 수술을 하는 줄 알았습니다. 아시아 문화권에서 포경 수술을 한다는 이야기는 들은 적이 없습니다.

독일 교수와의 대화와 솔로몬 페렐의 이야기를 통해서 우리는 적어도 독일은 역사적으로 포경 수술을 거의 행하지 않았으며 수술은 특수한 경우의 포경 환자에게만 국한되었다는 것을 알 수 있다. 이후 저자는 다른 유럽 국가의 과학자, 의사 친구들과도 인터넷을 통하여 많은 대화를 나누었고, 이를 통하여 7억 인구의 유럽 대륙, 즉 러시아, 동부 유럽, 중부 유럽, 남부 유럽 모두 포경 수술의 비율은 100명 중 약 1~2명밖에 되지 않는다는 사실을 알았다.

물론 여기에서 말하는 유럽 대륙이라는 것은 반드시 지리적인 의미만은 아니고 전통적인 기독교 문화, 즉 로마 카톨릭, 그리스 정교 그리고 개신교 문화권을 이야기한다. 즉 발칸 반도에서 이슬람교를 신봉하는 보스니아나 알바니아 인들을 제외하였다는 것이다. 이 과정에서 미국에 귀화한 러시아계 유대 인과의 대화를 통해 재미있는 사실을 하나 알았다.

김대식 _ 이갈 브래너 박사, 러시아의 포경 수술 현황에 대하여 알고 있습니까?

이갈 브레너 박사 _ 러시아에서는 포경 수술을 하지 않습니다. 물론 유대 인과 모슬렘을 제외하고 말입니다. 구소련에서는 포경 수술을 유대 인 탄압 수단으로 이용하기도 했습니다. 포경 수술을 법으로 금지시켰으니까요. 결과적으로 이 정책은 많은 유대 인들을 팔레스타인으로 이주시키는 데 일조했습니다.

러시아가 포경 수술을 하지 않았다는 사실을 확인하였고 또 러시아에서는 포경 수술 자체가 금지되고 포경 수술을 받은 사람들은 탄압의 대상이 되었다는 것을 알 수 있었다. 이러한 현상은 유럽 문화권 전반에 적용되는 이야기인데, 이는 우리가 아주 잘 아는 미켈란젤로의 다비드 상을 보아도 알 수 있다.

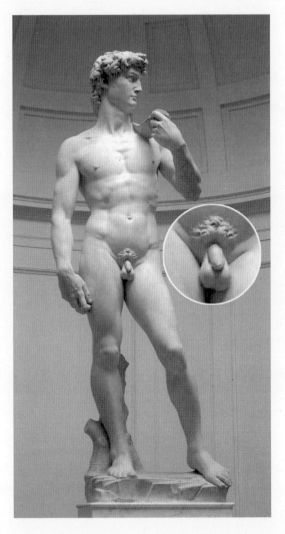

| 미켈란젤로의 다비드 상 | 자연 그대로의 성기를 유지하고 있다.

미켈란젤로의 다비드 상 훔쳐보기

미켈란젤로의 다비드 상을 한번 보자. 다비드 상은 미켈란젤로가 구약성경에 나오는 다윗과 골리앗 이야기를 주제로 하여 돌멩이를 들고 골리앗을 노려보고 있는 다윗을 조각한 것이다.

이 조각은 세계 예술 역사상 가장 뛰어난 조각품의 하나로 손꼽히고 있으며, 지금도 수많은 여행객들이 이탈리아 플로렌스를 찾아 이 명품을 감상한다. 그런데 이 다비드 상을 자세히 살펴보면 그 성기가 포경 수술을 하지 않은 '자연 그대로'의 성기라는 것을 알 수 있다.

다비드는 유대 인이므로 당연히 포경 수술을 했을 것이다. 그러나 포경 수술을 하지 않는 유럽에 살았던 미켈란젤로는 다비드의 성기를 '유럽화'하여 표현했다.

그래야 했던 것이다! 포경 수술은 나쁜 것이니까.

영국인의 포경 수술

영국은 유럽의 다른 국가와 많은 면에서 구별된다. 섬나라이면서 기후가 온난하기 때문에 청동기 시대, 아니 그 이전부터 대륙으로부터 많은 침략을 받았다. 가장 큰 민족 이동만 살펴보더라도 기원전 켈트 족Celts의 이주, 이 켈트 족을 로마화시킨 약 2000년 전 로마의 침략, 로마 멸망 후 켈트 족을 웨일스, 아일랜드, 그리고 스코틀랜드로 밀어낸 앵글로·색슨 족의 침략, 그 후 바이킹의 침략 등을 들 수 있다.

우리가 잘 아는 유명한 아서왕King Arthur의 전설만 하더라도 앵글로·색슨 족의 침략을 잠시나마 봉쇄하여 웨일스에 켈트 문명의 존속을 가능케 한 기원후 700년 경의 한 부족장을 모델로 하여 만들어진 이야기라는 설이 있다.

근세에 와서도 영국은 항상 대륙학파와 대립된 영국학파를 철학, 과학, 정치 등에서 형성하였다. 이러다 보니 한때 영국은 자신을 유럽의 일부로 보지 않고 유럽과 대등한 또는 좀 더 우월한 존재로까지 생각하였던 적이 있고 그 잔재는 아직도 남아 있다.

영국은 2차 세계 대전부터는 미국의 가장 중요한 우방으로서 미국과 서로 영향을 많이 주고받았다. 따라서 포경 수술에 있어서도 유럽과는 좀 다른 양상을 보인다.

19세기 중엽에 매독을 예방할 수 있다는 희망으로 시작된 영국의 포경 수술은 2차 세계 대전 직후에 절정에 달하였다. 이때 태어난 남자아이들의 최소한 20%는 포경 수술을 받았다고 생각된다(D. Gairdner, The Fate of Foreskin A Study in Circumcision, British

Medical Journal, 2, p.200, 1949).

그 후 영국의 포경 수술은 꾸준히 줄어들어 현재 포경 수술의 비율은 약 5.6%정도이다(영국 보건청 통계 ; 1990~1996). 즉 영국의 포경 수술 비율은 유럽 대륙보다 훨씬 더 높았고 지금도 더 높다. 약 18명에 1명꼴이니 말이다. 반면에 유럽 대륙은 이것보다도 약5배가 적은 100명에 1~2명꼴이다. 이것은 예나 지금이나 유럽인들은 포경 수술을 하지 않음을 말하고 있는 것이다.

캐나다 인과 호주 인의 포경 수술

영국과 같은 영어 문화권에 속하는 캐나다의 경우 역시 2차 세계 대전 후 포경 수술의 비율이 약 30%까지 올랐으나 그후 계속 줄어드는 추세에 있다. 이 추세를 잘 보여 주는 것이 캐나다의 퀘벡 지역이다. 캐나다의 다른 지역도 정도의 차이는 있으나 계속 줄어들고 있는 추세에 있다.

현재 지역 간 차이를 평균하면 약 10명 중 1명 정도로 하고 있다고 볼 수 있다. 온타리오는 아직도 상대적으로 포경 수술을 많이 하고 있으나 최근에 퀘벡이나 브리티시컬럼비아의 영향을 받아서 그 비율이 많이 줄고 있다.

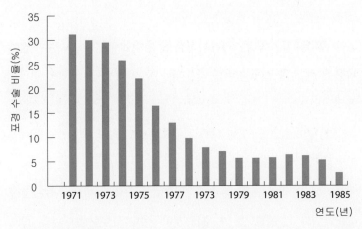

| 캐나다 퀘백 지역 포경 수술 추이 | 캐나다 역시 2차 세계대전 이후 포경 수술 비율은 계속 줄어들고 있다.

  호주의 경우 〈포피에 관한 심도 깊은 연구(FORESKIN, A Closer Look, Bud Berkley, p.194)〉라는 책을 보면 1944년에는 포경 수술 비율이 약 90%에 달했으나 지금은 지역 차이가 거의 없이 1996년 현재 포경 수술 비율은 10.6%에 그치고 있다. 이와 같이 호주와 캐나다의 경우 포경 수술의 비율이 각각 90%, 30%까지 달했던 적이 있으나 2000년대 전부터는 약 10%에 불과하며 그나마 계속 줄고 있는 추세에 있다는 것을 알 수 있다. 뉴질랜드의 경우 그 감소가 더 심하여 지금은 유럽과 같이 1~2%만이 포경 수술을 받고 있다. 그렇다면 우리가 가장 많은 문화적 역사적

영향을 받은 미국의 경우는 어떨까?

미국의 포경 수술은 직간접적으로 우리에 많은 영향을 끼쳤기 때문에 매우 중요한 의미를 갖는다.

미국인의 포경 수술

미국의 포경 수술은 영국보다 약간 늦은 19세기 말에 시작되었다. 그리고 그 후 점차적인 증가를 보이다가 2차 세계 대전을 전후하여 급격한 증가 추세를 보였다. 그래서 1980년대 초만 하더라도 신생아 포경 수술 비율은 약 85~90%정도로 높았다. 그러다가 1980년 이후 점차적으로 비율이 줄어들어 지금은 약 55~60%가 포경 수술을 받고 있다. 지역적으로 보면 서부가 약 35%로 낮고 동부는 약 70%로 높다. 즉 미국의 포경 수술은 같은 영어 문화권인 영국, 캐나다, 호주에 비하여 더 널리 퍼져 있고 그 비율 역시 훨씬 높다.

미국의 포경 수술은 여러 가지 면에서 우리에게 중대한 의미를 지닌다. 미국 포경 수술의 '돌연변이 변종'이 바로 우리나라의 포경 수술이기 때문이다. 따라서 미국의 포경 수술 역사를 알지 못하면 우리의 역사를 알 수 없다. 게다가 미국의 포경 수술은 다른 영어 문화권, 즉 영국, 캐나다, 호주, 뉴질랜드에 한때나마 포경 수술이 널리 퍼지는 데 직간접적인 영향을 주었다는 점에서도 자세히 살펴볼 필요가 있다.

그렇다면 도대체 미국은 어쩌다가 포경 수술의 '종주국'이 된 것일까? 결론부터 말하면 미국의 포경 수술은 자위행위를 없앨 수 있다는 믿음에서 비롯되었다.

미국의 포경 수술이 메이 플라우어May Flower호와 함께 온 것은 아니다. 따라서 조지 워싱턴, 벤자민 프랭클린, 토머스 제퍼슨, 에이브러햄 링컨 등은 당연히 포경 수술을 하지 않았다. 유럽은 영국을 제외하면 포경 수술을 행하지 않았고 영국의 포경 수술도 미국의 영향을 받았던 것을 생각하면 당연한 결론인 것이다.

그럼 미국의 포경 수술은 언제 시작되었을까? 미국은 지금까지도 사회 보장이 잘 된 유럽 국가들과는 달리 전 국가적 보건 자료를 가지고 있지 않다. 어떤 나라도 통계 자료를 잘 가지고 있지 않던 1세기 전에는 말할 것도 없다. 따라서 미국의 포경 수술이 정확히 언제 시작되었는지 알기는 그리 쉬운 문제는 아니다.

미국 포경 수술 역사의 권위자인 왈러스타인과 파텔Wallerstein & Patel은 미국 포경 수술의 시작을 1870년경으로 보고 있다. 그 전에는 어떤 국가에도 비종교적인, '의학적인' 포경 수술은 존재하지 않았다. 1870년 당시 미국의 포경 수술 비율은 5% 미만으로 추측된다. 그러다가 20세기 초에 포경 수술의 비율은 급속도로 높아지게 된다.

미국 포경 수술의 비율이 무시하지 못할 정도가 된 것이 1870년대이고 이 시점을 미국 포경 수술의 시작이라고 본다면 우리는 19세기 전반에 걸친 미국의 의학 전반을 조명해 볼 필요가 있다.

19세기 초반에는 미국, 유럽에서도 병의 원인에 대한 인식이 거의 없었다고 보아도 된다. 전염병들이 자주 돌아 많은 사람을 사망하였는데 이 전염병이 세균에 의한 것이라는 사실도 전혀 알려져 있지 않았다. 미국과 유럽의 의학 수준은 약초, 인위적인 사혈 등에 국한되어 있었으며 모든 수술의 위험성, 고통, 세균 감염, 사망률은 일반인뿐만 아니라 의료계에도 공포의 대상이었다.

그 당시까지도 모든 병이 하나의 원인에 의하여 생긴다는 이론이 상당히 신빙성 있게 받아들여졌는데 그 원인 중 많은 사람들이 믿었던 것 하나는 '심한 정력 낭비'였다. 예를 들어 19세기의 유명한 미국 의사 벤자민 러시Benjamin Rush는 섹스를 너무 좋아하면 여러 가지 병(만성 피로, 발기 불능, 혈액 순환 악화, 기억 상실, 간질, 심지어 죽음)에 걸린다고 주장했다. 러시의 이론은 그레이엄 Sylvester Graham으로 이어져서 그레이엄은 지나친 섹스는 위장, 피부,

심장, 두뇌, 등에 좋지 않다고 주장하였다. 또한 지나치게 섹스에 몰두하면 미칠 수도 있다고 경고하였다. 심지어 한 번의 사정은 수십 그램의 피를 잃는 것과 같다 등 지금 보면 말이 되지 않는 이론들이 창궐하였던 것이 19세기였다.

미국에서 가장 나쁘게 생각하였던 섹스 행위는 바로 자위행위였다. 여성은 말할 것도 없고 남성의 자위도 심각한 도덕적 범죄로 간주되었으며 확실하게 병을 유발한다고 믿었다. 예를 들어 자위는 정신병과 직접적으로 관련이 있다고 믿었으며 청소년기에 했던 자위행위가 성년이 되어서도 죽을 때까지 나쁜 영향을 미친다고 생각했다. 1889년에 존스Joseph Jones라는 의사는 자위행위가 유전이라고까지 주장하였다. 자위행위에 대하여 가장 심하게 반기를 든 사람은 켈로그John Harvey Kellogg였다. 아침 시리얼로 유명한 바로 그 사람이다.

1882년 켈로그는 자위행위는 항문 섹스보다도 더 위험하다고 하면서 그 이유로 자위행위는 끝없이 할 수 있기 때문이라고 하였다. 또한 각종 요로염, 방광염, 전립선염, 치질, 수면 중의 식은 땀 등을 초래한다고 주장하였다. 켈로그가 열거한 '자위행위자의 38가지 특징' 중 몇 가지 예를 들면 '갑작스런 행동 변화, 불면증, 태도 불량, 좁은 어깨, 흡연, 여드름, 손톱 깨물기, 욕하기' 등이 있다. 사실 이런 '특징'은 대부분의 청소년들에게 최소한 한 가지 이상 보여지는 것들이다. 따라서 이 주장들은 거의 모든 부모들을 심각한 걱정에 빠지게 하는 데 충분한 역할을 하였다. 이러한 개념은 서구 사회 전반에 걸쳐 있었다고 보아도 된다.

자위행위에 대한 두려움은 특히 상류 사회에서 심했다. 그들은 인종적이나 진화적인 면에서 인디언, 황인종, 흑인종들에 비하여 자신들이 우월하다고 믿었으며 이러한 우월성을 유지하기 위한 관점에서 자위행위, 심한 섹스 등으로 인한 정력의 낭비는 매우 위험한 행위로 보았다.

미국과 영국에서 특히 심하게 나타났던, 섹스에 대한 부정적인 이러한 태도는 빅토리아 여왕의 재위 기간, 즉 1837년~1901년과 일치했기 때문에 빅토리아니즘Victorianism이라고도 불린다.

빅토리아 시대에는 '섹스는 한 달에 한 번이 좋다'는 이론이 널리 퍼졌으며, 한 발 더 나아가서 아이를 낳기 위해서만 섹스를 하여야 한다고 주장하는 사람들도 많았다. 부모가 섹스를 즐기면 그 아이는 저능아가 된다고까지 믿는 사람들도 적지 않았다.

문제는 이렇게 심각한 '섹스와 자위 문제'를 어떻게 해결하느냐 하는 것이었다. 그레이엄은 그레이엄 크래커를 먹고 그레이엄 밀가루로 빵을 만들어 먹으면 해결된다고 하였다. 켈로그는 자기 시리얼을 먹으면 자위행위를 없앨 수 있다고 주장하였다. 이러한 방법으로도 섹스와 자위를 멈출 수 없는 사람들에게는 '의학적 수술' 방법이 동원되었다. 불로우Bullough라는 사람에 따르면 어떤 의사들은 포피를 가위로 갈기갈기 찢었으며 '성기에 손을 대지 못하게 하는 연고'를 바르기도 했다. 심지어 여성들의 허벅지를 인두로 지지기도 하였고 여성의 음핵을 잘라 내기도 하였다. 심한 경우에는 자위를 없애기 위해서 성기를 잘라 내는 경우도 있었으며 고환을 잘라서 아예 고자를 만드는 경우도 없지 않았다고 한다.

재미있는 것은 미국의 특허청에 자위 방지 기구 약 20개의 특허가 등록되었다는 것이다. 이러한 자위행위에 대한 심한 반감은 지금 우리의 상식을 가지고는 이해하기 어렵다. 그러나 그 당시 의학 수준을 이해하면 그리 놀라운 사실은 아니다. 다시 말하지만 수십, 수백 가지의 온갖 병들이 자위행위와 연결되었던 것이다.

1876년에 자코비Abraham Jacobi라는 유명한 소아과 의사는 수두를 자위행위와 연관지었다. 1883년에 다른 한 의사는 프랑스의 한 학회지에 자위가 중이염의 원인이라고 주장하였다. 미국에서 자위행위는 심하게 말하면 '흑사병이나 천연두 등보다 더 인류에게 해가 된다'고 믿었다. 저자들이 하는 말이 아니라 1855년에 뉴올리언즈 의대 외과 저널의 편집장이 한 말이다. 물론 매독도 자위행위에 의하여 발생한다고 믿었다.

이러한 역사석 배경을 이해한다면 1870년경의 미국 상류 사회 부모는 '수백 가지의 병들을 예방하기 위하여' 자위행위를 없애기 위한 어떤 대가도 치를 각오가 되어 있었을 것이라는 것을 짐작하는 것은 어렵지 않다. 또한 이 시기에는 중요한 의학적 발전이 있었는데 바로 1850년경에 이루어진 마취약의 발명이 그것이다. 덕분에 수술은 이전보다 훨씬 더 널리 퍼졌고 여러 가지 병들을 수술로 치유하려는 노력은 더욱 가중되었다.

이러한 배경에서 비종교적인 포경 수술이 1870년을 전후하여 시작되는데 주로 상류 사회에서 자위행위를 포경 수술을 통하여 없앨 수 있다는 믿음에서 이루어졌다. 포경 수술은 고환을 잘라 내거나 성기의 끝을 잘라 내는 것에 비하면 훨씬 더 온건한 방법으로 생각되었다.

1884년에는 미국의 한 연구에서 유대 인들의 매독 감염 비율이 일반인들보다 낮다고 보고하였다. 그 이유가 포경 수술의 유무와 연관되면서 비종교적 포경 수술은 더욱더 널리 퍼지게 되었다. 매독 공포증에 사로잡혀 있었던 1880년대의 미국 사회 분위

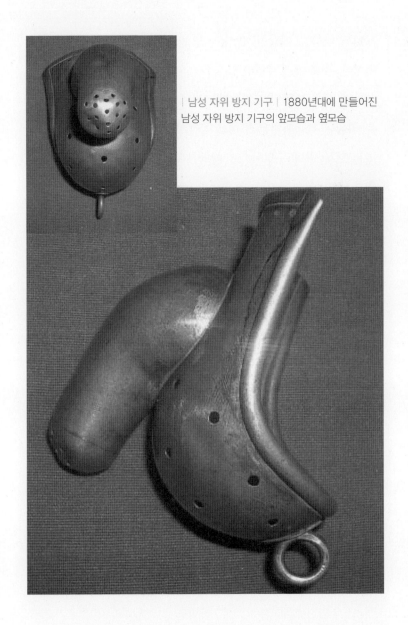

| 남성 자위 방지 기구 | 1880년대에 만들어진 남성 자위 방지 기구의 앞모습과 옆모습

기에서 매독을 예방할 수 있는 방법이 발견되었다고 생각되었던 것이다. 바로 포경 수술이었다.

이와 같이 미국의 포경 수술은 성에 대한 공포를 배경으로 성을 최대한 억압하려는 노력의 일환으로 시작되었다. 특히 자위행위는 모든 병의 근원이라고 여겨졌으며 자위행위 방지 목적으로 포경 수술이 널리 퍼지게 되었다. 재미있는 것은 유럽이나 다른 영어 문화권 국가에 비하여 미국은 자위행위에 대한 공포감이 더 심했다는 점이다. 그러다 보니 1940년대까지도 포경 수술이 자위행위를 억제할 수 있다는 것이 미국 심리학, 의학 교과서에 실려 있었다. 이러한 점은 최소한 포경 수술에 대한 과학적 진실에 있어서는 미국 의학이 다른 영어 문화권이나 유럽보다 훨씬 더 멀어져 있었음을 보여 준다.

이러한 점을 극명하게 보여 주는 것이 바로 '구멍 외과 협회 Orificial Surgical Society'라는 재미있는 단체였다. 이 학회는 의심할 여지없이 미국 의학 역사상 가장 기괴한 단체였다. 1890년에 시카고의 쿡 컨트리 병원 의사인 프래트F. H. Pratt가 설립한 이 단체는 주로 허리 아래의 구멍에 관심이 많았다. 이들은 포피, 음핵, 항문의 여러 가지 수술에 주된 흥미를 보였는데 특히 항문이 이들이 가장 초점을 맞추었던 곳이다. 이 학회는 1892년부터 1923년까지 학회지까지 출판하였으며 프래트는 1912년부터 1925년까지 교과서를 저술하기도 했다. 이 교과서는 다음과 같은 내용을 담고 있었다.

'나는 항문이 얼마나 많은 죄악의 근원인지에 대하여 놀라고 놀랐다.'

'나이에 관계없이 포경 수술은 꼭 행하여야 한다.'

이 학회의 회원인 크래이더M. K. Kreider는 척추가 휜 것을 고치기 위하여 한 소년을 포경 수술 시켰다. 같은 학회의 이튼Cora Smith Eaton은 두통을 치유하기 위하여 포경 수술을 시켰다. 왈스C. B. Walls는 엉덩이 관절염을 치유하기 위하여 포경 수술을 하였으며 유대 인들은 이러한 병이 없다는 것을 자기 학설의 근거로 삼았다.

최근에 우리나라에서도 문제가 되었던 '자가 포경 수술 기구'는 실상 1910년에 '미국 의학 협회지'에 발표된 한 논문으로부터 기인한다. 이 논문은 포경 수술 클램프clamp를 소개하면서 남성이나 여성이나 할 것 없이 집에서 누구나 사용할 수 있다고 주장하였다.

미국 포경 수술이 1870년경에 시작되었다고 본다면 시작된 지 80여 년간 거의 아무도 이 풍습에 대한 반론을 제기하지 않았다. 1950년대가 되어서야 가끔 포경 수술에 대한 의학적 반론이 시작되는데 그나마 타임지에 나온 '포경 수술과 자궁암의 관계'

와 같은 또 다른 포경 수술 찬성론에 밀려 별다른 영향을 주지 못하였다. 그러다가 최근에 와서는 미국 일반 대중도 일본이나 유럽은 포경 수술을 안 하는데도 자궁암 없이 잘 살고 있다는 것을 인식하게 되고 또한 포경 수술을 반대하는 의사, 연예인 단체들이 많이 생기면서 급격히 줄고 있다.

중요한 시점 두 가지를 잡자면 1980년에 출판된 왈러스타인Wallerstein의 〈포경 수술 : 미국 의학의 큰 실수Circumcision : An American Health Fallacy〉라는 책을 들 수 있다. 이 책은 유대 인이 썼기 때문에 오히려 좋은 반응을 받았으며 이 책 때문에 포경 수술 반대에 일생을 바치는 운동가들이 생겨나게 된다. 유명한 사람으로는 '포경 수술에 반대하는 의사 협회' 회장인 데니스톤George C. Denniston을 들 수 있으며 또한 'NOCIRC(National Organization for Circumcision Information Resource Center)'를 이끄는 마일로스Marilyn Milos 여사를 들 수 있다. 이들의 노력으로 1980년에 약 85%로 정점을 이루었던 미국의 신생아 포경 수술은 1999년 현재 약 55%로 추정되고 있다.

위의 그래프는 1870년대부터 지금까지 연도별로 추정한, 신생아를 기준으로 한 포경 수술 비율이다. 여기에서 중요한 점은 미국의 경우 절대다수의 포경 수술은 신생아 때 이루어지고 나이

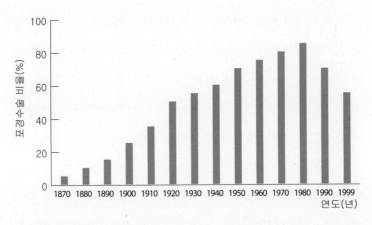

| 미국의 포경 수술 비율 | 1870년대부터 지금까지 연도별로 추정한, 신생아를 기준으로 한 포경 수술 비율의 변화 추이

들어서 포경 수술을 받는 예는 거의 없으므로 실제 전체 인구에 대비한 포경 수술 비율은 위의 그래프보다 훨씬 더 낮을 것이라는 점이다. 다시 한 번 강조하지만 '신생아 포경 수술'이라는 말을 잘못 이해해서는 안 된다. 미국의 경우 신생아 때 포경 수술을 받지 않을 경우 커서 포경 수술을 받는 경우는 유럽의 전체 포경 수술 비율과 비슷한 약 1%정도이다. 이것을 이해하지 못하는 일부 우리나라 의사들은 미국에서 신생아 포경 수술이 현재 줄고 있는 현상을 잘못 번역해서 '그러니까 초등학교 때 해야 한다' 등으로 잘못 해석하는 경향이 있다. 이는 단순한 무지에 의한 것

으로 생각되며 결코 알면서도 대중을 기만하려는 것은 아닌 것 같다. 앞장에서 살펴본 것과 같이 의사들의 포경 수술 관련 지식 수준이 높지 않기 때문이다.

결론적으로 미국의 포경 수술은 1870년경에 시작되어 1980년까지 증가 추세에 있다가 1980년을 정점으로 빠르게 줄어들고 있다. 포경 수술은 원래 자위행위 등의 제반 섹스가 정신적, 육체적 건강에 매우 좋지 않다는 믿음에서 출발하였으며 최근 20년간은 유럽이나 다른 나라의 추세가 일반적으로 알려지면서, 또한 많은 의사 및 의료 관계자, 일반인들의 노력으로 빠른 속도로 감소하고 있다. 최근에 줄고 있는 미국의 신생아 포경 수술을 초등학교나 청소년기에 포경 수술을 하라는 식으로 잘못 해석해서는 안 된다는 것은 아무리 강조해도 지나치지 않을 것이다.

특히 1999년 3월 1일자 미국 소아과 의사 협회AAP : American Academy of Pediatrics에서 포경 수술에 의학적인 근거가 없다는 쪽으로 결론을 내림에 따라 미국의 포경 수술은 더욱더 빠른 속도로 줄어들 것으로 예상된다. 이 보고서가 나온 후 인터넷을 통하여 조사한 바에 따르면 응답자의 35%만이 아들을 포경 수술 시키겠다고 응답했다. 추세가 반영된 결과라고 생각한다.

유대 인의 포경 수술

유대 인은 포경 수술을 신과의 약속이라고 받아들이며 이것이 유대교와 기독교와의 가장 큰 차이중 하나라고 생각한다. 이삭이 그랬던 것처럼 생후 8일 만에 포경 수술을 받는 것이다.(재미있게도 아브라함은 포경 수술을 99세 때 받았고 그의 자손 모세는 평생 포경 수술을 받지 않았다. 성경 속의 포경 수술에 대해서는 뒤에서 좀 더 자세히 다룬다). 유대 인은 포경 수술을 아브라함과 신과의 약속, 선택된 백성의 표식이라고 생각한다. 그러다보니 거의 모든 유대 인이 포경 수술을 한다고 보아도 된다. 그러나 요즘 와서는 유대 인들 사이에서조차도 포경 수술을 꼭 할 필요가 있냐는 주장이 고개를 들고 있다.

이슬람교도들의 포경 수술

세계에서 가장 큰 종교 중 하나가 바로 이슬람교다. 이슬람교는 아랍인인 선지자 무함마드에 의하여 시작되어 전 세계에 널리 퍼졌다. 성경에 아랍인은 아브라함의 소생인 이스마엘(이삭의 이복형)의 후예이고 이스마엘은 13세가 되어서야 포경 수술을 받았다고 기록되어 있다. 하지만 포경 수술을 전반적으로 하기는 하되 그 나이는 지역과 문화에 따라 매우 다르다. 즉, 유대인과 같이 '생후 8일 만에'라는 율법이 따로 있는 것이 아니라는 말이다. 재미있는 것은 구약성경에서 포경 수술을 율법으로 명시하고 있는 반면에 이슬람교의 경진인 코란에는 포경 수술에 대한 어떠한 언급도 없다는 사실이다. 따라서 이슬람교에서는 관습에 따라서 다양한 나이에 포경 수술을 하기는 하지만 이것이 이슬람교에서 요구하는 율법은 아니다. 단지 관습적으로 거의 다 하고 있을 뿐 이슬람교로 개종할 경우 포경 수술이 요구되는 것은 아니라는 말이다.

중국인, 일본인, 태국 인의 포경 수술

위에서 언급한 몇몇 나라를 뺀 다른 나라들은 포경 수술을 거의 하지 않는다. 예를 들면 일본, 중국, 북한 등 우리 주위에 있는 나라들 모두 포경 수술을 하지 않는다는 것이다. 또 포경 수술을 거의 하지 않는 곳은 남아메리카 대륙, 멕시코, 인도, 이슬람교가 아닌 아프리카 국가들이다. 재미있는 것은 일본, 중국, 그리고 우리와의 비교이다. 위키피디아에 포경 수술 세계 지도가 나오기 10여 년 전 저자들은 일본, 중국의 친구들과 대화를 나누었다.

저자 _ 이시하라 교수(일본 토호쿠 대학 교수), 한국이 포경 수술을 대대적으로 하고 있다는 사실을 알고 있습니까? 해방 이후 미국의 영향이 컸다고 보는데 일본의 상황은 어떻습니까?

이시하라 교수 _ 한국이 포경 수술을 한다는 것에 놀랐습니다. 일본은 물론 포경 수술을 하지 않습니다. 내 주위에 있는 누구도 포경 수술을 하지 않았습니다. 포경 수술은 유대 인만 하는 줄 알았는데, 아무튼 놀랍습니다.

저자 _ 카야바 박사(프랑스 파스퇴르 연구소), 일본의 포경 수술 비율은 얼마나 됩니까?

카야바 박사 _ 약 1% 정도로 추정됩니다. 일본의 한 병원(비뇨기과)을 찾아온 아이들조차도 1,000명 중 30명꼴로만 포경 수술을 받았습니다. 그러니 전체 포경 수술 비율은 3%보다 훨씬 낮은 터인데, 유럽 수준인 1% 정도가 아니겠습니까?

저자 _ 웨이샨 박사(미국 로렌스 버클리 연구소), 중국 본토에서는 포경 수술을 합니까?

웨이샨 박사 _ 그렇지 않습니다. 우리 학교에 딱 1명이 염증이 심해서 포경 수술을 받은 것으로 기억합니다.

저자 _ 팬 박사(타이완 대학 교수), 타이완은 포경 수술을 합니까?
한국은 포경 수술을 많이 합니다.

팬 박사 _ 타이완은 포경 수술을 하지 않습니다. 내 친구들 중 그 누
구도 하지 않았습니다. 요즘은 미국에서도 포피가 나름대로의 기능
이 있다고 해서 포경 수술 비율이 줄어들고 있는 것으로 아는데, 한
국이 포경 수술을 받는다는 것은 의외입니다.

대화 내용의 결론은 이렇다. 포경 수술 비율이 높은 나라나 민
족은 유대 인, 이슬람교도, 미국인뿐이라는 사실이다. 여기서 뭔
가 빠졌다고 생각한다면 맞는 생각이다. 바로 우리나라와 필리핀
이 빠졌다.

필리핀 인의 포경 수술

필리핀에는 이슬람교도들이 적지 않으며 예전부터 남
태평양 섬들의 원주민의 일부는 포경 수술을 행하여 왔다고 알
려 져 있다. 또한 필리핀은 미국의 식민지였기 때문에 미국의 영
향을 많이 받았다(당연히 포경 수술도 많이 했다). 하지만 필리핀의
포경 수술은 미국과는 매우 다른 양상을 보인다. 즉, 포경 수술

| 필리핀 소년들의 포경 수술 | 대부분의 필리핀 소년들은 사춘기 이전에 포경 수술을 받는다. (*www.telegraph.co.uk*)

을 일종의 통과 의례로 받아들였고 포경 수술이 '성기를 확대시켜 준다'는 잘못된 인식을 은연중 가지고 있는 것이다. 그러다 보니 필리핀에서는 포경 수술이 신생아 때가 아니라 소년기에서 장년기에 이르기까지 다양한 연령층에서 행해지고 있다.

이는 일종의 미국 문화의 변종이라고 보여 진다. 필리핀 인들의 성기 확대에 대한 관심은 아마도 미국과 미국인, 미국 문화에 대한 열등감에서 비롯되었을 수 있다는 생각을 지울 수 없다.

포경 수술에 관한 한 우리나라는 필리핀과 비슷한 점이 많다. 포경 수술이 일종의 통과 의례로 자리 잡았다는 점, 미국의 영향이 절대적이었으나 지금은 오히려 미국보다 포경 수술 비율이 높고 그 양상도 매우 다르다는 점 등이 그렇다.

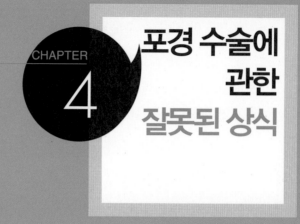

포경 수술에 관한 잘못된 상식

아래 열거한 내용들은 19세기 중반부터 쓰인 수백 권의 의학 전문 저술에서 발췌한 것으로, 이를 통해 우리는 포경 수술의 종주국인 미국 의사들이 아무런 문제 없이 건강한 남성의 일부분인 포피를 어떻게 매도하였는지 알 수 있다. 이 엄청난 양의 거짓말들은 고스란히 미국 국회 도서관에 보관되어 있다. 거짓말을 하는 사람도 거짓말을 하고 있다는 것을 몰랐을 정도였다고 한다.

160년 동안 미국의 의사들은 공공연하게 포피는 수십 가지의 병과 증상의 원인이 된다고 규정하고 이러한 '병'을 예방하거나 치료할 목적으로 신생 남아의 고귀한 부분을 잘라 왔다. 연대순으로 포경 수술에 의해 치료 혹은 예방될 수 있는 대표적인 질환이나 증상들을 나열해 보았다.

1860	자위행위 / 정액루(성적인 흥분과는 관계없이 정액을 사출하는 증상) / 고관절 결함 / 요실금 / 게으름 / 코 후비기 / 마비 / 정신 이상
1870	자위행위 / 방종 / 두통 / 변형족 / 백치 / 방광염 / 간질 / 척주 만곡 / 절름발이 / 영양 장애 / 히스테리
1880	자위행위 / 내사시 / 불안 / 성급함 / 안면 경련 / 직장 탈출증 / 소화 불량 / 심장병 / 당뇨병 / 난청 / 시각 상실
1890	자위행위 / 상피염 / 괴저 / 결핵 / 성적 무능력 / 습진 / 부어오른 발 / 과다한 침 / 인두 편도 비대

1900	자위행위 / 조루 / 설사 / 소화 불량 / 탈장 / 피곤
1910	자위행위 / 수종 / 수두증 / 유정 / 과도한 성적 욕구 / 강간
1920	자위행위 / 매독
1930	자위행위 / 문란한 성생활
1940	자위행위 / 성병 / 설(혀)암
1950	자위행위 / 음경 지속 발기증 / 자궁경부암
1960	자위행위 / 고통스러운 성교 / 치구 / 음경암 / 전립선암
1970	자위행위 / 성적 이상 / 음경암 / 귀두염 / 자궁경부암 / 전립선암 / 요로감염 / 악몽
1980	발기 시 통증 / 음경암 / 자궁경부암 / 요로감염 / 신부전
1990	음경암 / 요로 감염
2000	에이즈

160년 이상 계속되었던 포경 수술의 만병통치에 가까운 의학적 효능에 대한 거짓말들을 살펴보았다. 미국에서 포경 수술이 처음으로 시행된 이유는 청소년들의 자위행위를 막기 위해서였다는 것은 이미 앞에서 알아보았다. 자위행위에 효험이 있다는 것은 1970년대까지 100년이 넘게 주장되어 왔다. 미국뿐 아니라 고대에도 포경 수술을 성을 억제하는 수단으로 시행한 바 있다. 즉 포경 수술이 나름대로 성을 억제하는 수단으로는 효력이 있다는 이야기일 수도 있다.

우리나라의 경우는 완전히 다르다. 우리나라 사람들은 자위행위 방지가 아니라 성적 배우자의 자궁경부암을 예방하기 위해서 포경 수술을 해야 한다고 믿는다. 이 믿음은 일반인들뿐만 아니라 의사들도 마찬가지이다. 포경 수술을 통한 자궁경부암 예방 효과는 미국에서 50년대에 이슈화되어 약 40년간 정설로 받아들여졌는데 이때 저술된 의학 교과서들이 국내에 소개되면서 우리나라에서는 포경 수술을 해야 하는 이유가 되어 버렸다. 그래서 부인이 남편, 여자 친구가 애인의 포경 수술을 강요하는 우스운 현상을 낳았다.

음경암은 60년대에 이슈가 되어 최근까지 논쟁거리였으나 미국 암학회의 공식 입장 발표로 더 이상 관심의 대상은 아닌 듯하다. 요로 감염도 30년간 뜨거운 논쟁거리였으나 이 역시 이제는 의미가 없다.

우리나라에서 횡행하는 '포경 수술=청결/위생' 논리에 대해 좀 더 자세히 알아보자.

부끄러운 미국의 포경 수술 연대기에서도 포경 수술이 청결이나 위생에 좋다는 이야기는 단 한 건도 찾아볼 수 없었다. 다만 1960년대 포경 수술이 치구를 제거할 수 있다는 보고들이 있었으나 그나마도 1970년대부터는 찾아볼 수 없다. 아마도 오랫동안 성기를 닦지 못해 위생상 문제가 발생된다면 우리는 아마도 고대나 근대 전쟁사에서 오랜 전투 기간 동안 '누가 효율적으로 군인들의 성기를 위생적으로 잘 관리하였냐'에 따라 전쟁의 승패가 갈렸다는 이야기를 들어 본 적이 있어야 할 것이다. 결국 질병 예방을 위한 포경 수술은 160년간 돌팔이 의사들에 의해 악용된 엉터리 논리였던 것이다.

그러나 불행하게도 아직도 우리나라에서는 청결 주장뿐 아니라 미국에서도 한 번 언급조차 된 적이 없는 성욕 및 정력 증진, 신체 발달, 성장 촉진 등 이루 말할 수 없는 포경 수술 예찬론들이 진실인 양 유포되고 있다.

미국의 의사들은 거의 2세기 동안 그럴싸한 거짓말로 포경 수술을 해야만 한다고 주장하며 아직도 갓 태어난 아기들의 포피를 강탈하고 있다. 다양한 생리적인 기능을 수행하며 성적인 기쁨을 생산하는 피부의 반 이상을, 성인이 되었을 때 최신의 역병이나 해악으로부터 효과적으로 보호받을 수 있다며 싹둑 잘라 내고 있다.

이제 그동안의 주장이 합리적 연구와 조사를 토대로 한 반대에 부딪히자 포경 수술을 지지하는 미국의 의사들은 2000년대 들어 새로운 전략을 취하고 있다. 포경 수술을 하지 않으면 에이즈를 일으키는 HIV 감염으로부터 보호받을 수 없다고 권위적으로 위협하고 공포를 조장하고 있는 것이다.

일본이나 북유럽은 성병 천국인가?

우리나라에서 포경 수술에 대한 통설 중 하나는 포경 수술이 성병 예방에 도움을 준다는 것이다. 포경 수술과 성병이 직접적인 관계가 있다고 보기는 어렵다. 오히려 포경 수술이 성병을 막아 줄 수 있다는 속설은 포경 수술을 한 남성에게 '잘못된 자신감'을 줄 수 있다는 면에서 위험하다. 세계적으로 보면 오히려 포경 수술이 성병 감염 확률을 높인다는 주장도 만만치 않다.

세계적인 포경 수술 연구자이고 또한 인터넷 잡지 '포경 수술 Circumcision'의 편집자인 위스콘신 대학의 반 하워 교수는 영국 비뇨기과 학회지에 이런 주장의 연구 결과를 발표하기도 했다.

포경 수술은 성병 예방에 도움이 되는가?

콘돔의 광범위한 사용과 에이즈에 대한 공포에도 불구하고 성병은 우리의 중요한 관심사이다. 포경 수술이 성병 예방에 효과적이라는 연구 결과는 거의 없다. 신생아에게 포경 수술을 통상적으로 시행할 것을 주장하는 이들은 한결같이 성병 감소에 포경 수술이 효과적이라고 말하고 있다. 그러나 종합적으로 여러 자료를 잘 들여다보면 오히려 포경 수술을 받은 사람이 성병의 위험이 더 높을 수도 있다.

미국에서는 신생아 포경 수술이 통상적으로 행해지고 있으나 성병의 발생률은 다른 선진국에 비해 오히려 높다. 미국은 선진국 중 포경 수술을 받은 사람이 가장 많은 국가이다. 하지만 성병과 에이즈 감염도 가장 많다.

포경 수술 받은 남성이 많을수록 에이즈 및 성병의 감염이 증가하는 경향을 보인다. 한 보고에 의하면 포경 수술 받지 않은 남성이 평생 평균 2.16회 성병에 감염되었고 포경 수술 받은 남성의 경우 2.32회로 더 높게 나타났다. 그러나 호주에서 시행한 연구에선 두 집단 간 차이가 없는 것으로 나타났다(1.48회 : 1.44회).

포피가 성병의 발생을 증가시킬 수 있다는 가설은 다음과 같다.

첫째, 포피에 생길 수 있는 미세한 염증들이 점막에 손상을 주므로 결국 점막 불연속성을 발생시켜 바이러스와 세균의 침투 관문을 제공할 수 있다.

둘째, 포피는 성행위 중 미세한 외상에 더 민감할 수 있다.

셋째, 포피 아래의 따뜻하고 습기 찬 환경은 병원균이 오랫동안 생존할 수 있게 한다.

포피 아래의 따뜻하고 습기 찬 환경이 세균의 성장을 촉진한다는 사실은 이미 알려졌지만 포피 아래에 정상으로 서식하는 유익 세균군, 유해 세균군, 그리고 전립선, 요도 및 정낭에서 분비되는 면역 글로불린과 분비물에 의한 면역학적 방어 기능에 대한 연구는 아직 이루어지지 않았다.

포피 아래의 유익 세균군과 점막의 면역학적 방어 기능은 '자연 그대로의' 남성을 감염으로부터 오히려 보호할 수 있다. 특히 포피점막에는 '랑겔한스'라는 세포가 존재하는데 아직 에이즈 감염에 대한 역할은 명확하지 않지만 최소한 성기 감염에 대하여 일차적으로 면역 반응을 일으키는 것으로 알려지고 있다.

포경 수술로 포피가 소실되면 발기 시 성기 피부가 당겨지는 일이 흔히 발생할 수 있으며, 이로 인해 성교 중 마찰이 증가할 수 있어 찰과상이 증가할 수 있다. 그러면 병원균의 침투가 더

용이해져서 포경 수술을 받은 경우 성병에 걸릴 가능성이 더 높아질 수 있다. 포경 수술을 받은 사람은 항문 성교를 즐기는 경향이 더 높은데 이 경우 또한 포경 수술을 받은 사람에서 성병을 옮을 가능성이 더욱 높아진다.

포경 수술이 성병의 예방법으로 인정되기 위해서는 성병을 일으키는 다른 위험 요소들도 고려되어야 한다. 성병과 포피가 서로 연관성이 있다는 보고들의 대부분은 건강 관리에 대한 인종적, 사회경제적, 문화적, 민족적인 차이를 고려하지 않았다. 일부 이러한 요소들을 감안해서 시행하였던 연구들은 성병 예방에 대한 포경 수술의 효과를 입증하는 데 실패하였다. 게다가 지금까지 포피와 성병의 상관관계를 밝히기 위한 객관적인 동물 실험도 이루어지지 않았다.

요약하면, 성병 발생과 관련된 여러 복잡한 요인들과 체계적인 연구의 어려움으로 인해 성병 감염에 대한 포경 수술의 영향을 규명하기는 쉽지 않다. 물론 포경 수술이 성병을 예방할 수 있다는 명백한 증거도 없다.

결론적으로 지금까지 발표된 연구 논문 중 포경 수술이 성병을 예방한다는 주장을 뒷받침할 이론적 근거는 아직 없다.

HPV와 성기 사마귀

　　HPV(인유두종 바이러스 ; Human Papilloma Virus)가 자궁경부암과 음경암의 발생과 연관이 있는 것으로 밝혀진 후 HPV에 대한 관심이 높아지고 있다. 이들 암의 역학疫學을 조사해 보면 성병과 유사한데, 성기 사마귀는 음경암의 주요 위험 인자로 생각되고 있다. 포경 수술은 음경암을 예방하는 데 도움이 되는 것으로 알려져 있으나 이에 대해서는 논란이 많다. 한 연구 보고에 의하면 음경암 환자의 42%가 포경 수술을 받은 상태였다고 한다.

　최근의 연구 결과에 의하면 HPV와 연관된 질병은 포경 수술을 받은 남성과 받지 않은 남성에서 비슷하게 발생하거나 포경 수술을 받은 남성에서 좀 더 흔하게 나타난다고 한다. 미국의 경우 포경 수술을 하지 않은 남성에서 음경암의 발생률이 더 높은 것은 사실이나 빈도 자체가 의례적으로 포경 수술을 하지 않는 다른 개발국과 비슷하다. 위생 상태가 나쁠수록 발병률이 높은 것을 볼 때 음경암 발생에는 사회경제적, 위생적인 요인들이 관여되는 것으로 생각된다. 또 음경암이 빈번하게 발생하는 연령의 남성 집단을 대상으로 연구를 시행한 결과 과거에 생각했던 것보다 더 많은 음경암이 포경 수술을 받은 남성들에서 발생한다는 결과를 얻었다. 또 포경 수술을 받은 사람에서 성기 사마귀의 발생 위험이 더 높은데 이것이 음경암의 발생률에 어떤 영향을 미치는지에 대해서는 아직까지 확실하지 않다.

라틴아메리카에서 '남성의 성행동 양식이 여성 자궁경부암의 원인이 될 수도 있다'라는 가설을 증명하기 위해서 다국가 간 연구가 합동으로 이루어졌다. 진행성 자궁경부암을 가진 부인의 남편들을 대상으로 조사한 결과 자궁경부암에 걸릴 위험이 남편의 성 파트너 수가 증가할수록 유의하게 높아지는 것으로 밝혀졌다. 그러나 포경 수술 여부와 성병 병력은 주요 위험 인자가 되지 않았으며 성기 위생 상태의 불결함과는 어느 정도 관계가 있을 수 있다고 밝혀졌다.

또한 이 연구에서는 HPV와 자궁경부암 간의 상관관계를 찾기 위해 진행성 자궁경부암 환자의 남편 성기에서 가검물을 채취하였다. 그러나 이 둘 간의 상관관계를 찾는 데는 실패하였다. 그 이유로는 남성으로부터 가검물을 채취할 때 문제가 있었거나 부인들에게 암 발생을 촉진 혹은 억제시키는 바이러스가 있을 수 있다는 추론이 제시되었다. 유대계 여성에게서 자궁경부암 빈도가 낮은 것도 할례 때문이 아니라 유전적 소인으로 설명하고 있다.

간염

포경 수술이 신생아 때 의례적으로 시행되고 있는 이스라엘에서 9,182명의 취학 아동을 대상으로 B형 간염 항원의 발생에 대한 연구를 시행했다. 연구자들은 간염이 남자아이에게 많이 발생하고 계절에 따른 변동이 크다는 사실에서 포경 수술이 감염의 중요한 매개 역할을 할지도 모른다고 추측했다. 에티오피아의 한 연구는 포경 수술이 B형 간염 바이러스의 전염에 역할을 할 수 있다고 추정하였지만 잠비아에서 행해진 연구에서는 그 연관성을 찾는 데 실패했다. 다른 연구에서도 포경 수술과 간염 사이의 유의미한 상관관계를 발견하지 못했다.

에이즈 바이러스

포피와 에이즈 감염의 상관관계를 밝힌 연구들을 보면 그 결과가 일관되지 않다. 성병 치료소에서 시행한 연구들에서는 포피가 감염의 위험 요소가 나왔지만, 무작위의 집단검사를 통한 연구들에서는 포경 수술을 받은 남성의 에이즈 감염 위험이 더 높게 나타났다. 연구 대상의 성기 바깥쪽 궤양성 질환, 성 파트너 수 및 다른 요소들을 고려하였을 때는 처음의 결과와 크게 상이한 결과가 나오는 연구들도 많다.

선진국 중에서 미국은 포경 수술의 빈도가 가장 높지만 에이즈 감염의 빈도가 가장 높은 국가이다. 이는 에이즈 감염에 대한 포경 수술의 긍정적 효과와 완전히 상충되는 사실이다. 뿐만 아니라 그간 진행되어 온 연구들의 결과가 일치하지 않고, 결과에 영향을 미칠 수 있는 수많은 변수들이 존재한다. 이 모든 상황들을 근거로 종합적으로 판단해 볼 때 포피를 에이즈 감염과 연관짓는 것은 어불성설이다.

그럼에도 불구하고 최근 포경 수술이 에이즈를 예방한다는 연구 결과가 외신에 의하여 집요하게 보도되고 있다. 여기에는 주목해야 할 특징이 있다. 연구의 상당 부분이 미국에 의해 주도되고 있다는 점, 그리고 연구 대상의 대부분이 유럽이나 미국이 아니라 위생 상태나 경제 상황이 좋지 않은 아프리카라는 점이다.

따라서 여기에는 다분히 문화 침략적인 부분이 있으며 사실 미국 의학계의 주장은 유럽인들에게 조롱거리일 뿐이다. 왜냐하면 포경 수술을 하는 미국의 에이즈 발생률이 유럽보다 더 높기 때문이다. 이러한 문화적 배경을 이해하지 않고 외신의 '포경 수술=에이즈 예방'의 주장을 받아쓰고 있는 국내 언론에 대해서는 유감스럽고 안타깝다.

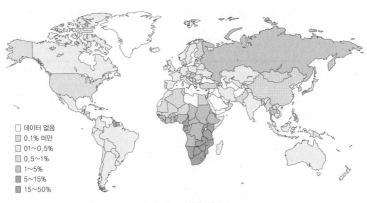

| 에이즈 세계 지도 |

- □ 데이터 없음
- ◻ 0.1% 미만
- ◻ 01~0.5%
- ◻ 0.5~1%
- ◼ 1~5%
- ◼ 5~15%
- ◼ 15~50%

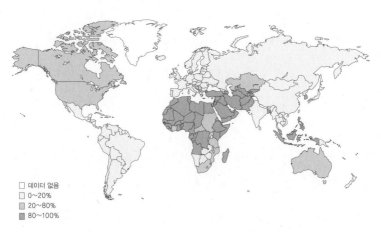

| 포경 수술 세계 지도 |

- □ 데이터 없음
- ◻ 0~20%
- ◻ 20~80%
- ◼ 80~100%

몇몇 국가는 예외지만 에이즈와 포경 수술로 세계 지도를 비교해 보면 전체적으로 포경 수술 비율이 높을수록 에이즈 감염률도 높은 것을 알 수 있다. 포경 수술과 에이즈 예방을 운운하는 것은 모종의 술수라고 밖에 생각할 수 없다.

포경 수술을 하면 자궁암에 걸리지 않는다?

포경 수술과 자궁암은 어떤 관계가 있을까? 과연 관계가 있을까 없을까? 우리나라에서는 지금도 일부 의사들이 포경 수술을 해야 한다고 주장하면서 자궁암과 포경 수술과의 관계를 운운하는 것을 심심찮게 본다. 반면에 최근 미국 암학회는 미국 소아과 학회에 보내는 공개 서한에서 포경 수술과 자궁암은 어떤 관계도 없으며 이러한 설은 이미 학회에서 받아들여지지 않은 지 수십 년이 된 낭설에 불과하다고 이야기했다.

포경 수술과 음경암과의 관계는 어떨까? 우리나라 서적에는 음경암과 포경 수술의 관계가 버젓이 나와 있다. 반면에 앞에서 언급한 미국 암학회의 공개 서한에서는 음경암은 워낙 희귀한 암이기 때문에 통계적 조사가 어렵고 포경 수술을 일상적으로 하는 미국보다도 포경 수술이 희귀한 북유럽 국가들의 음경암 빈도가 더 낮다고 하면서 역시 포경 수술과 암의 관계에 대하여 부정적인 입장을 분명히 밝히고 있다. 그렇다면 무슨 근거로 포경 수술이 자궁암 방지를 한다며 권유하는 것일까?

포피를 자르든가, 이혼해 줘!

1954년, 포경 수술을 하지 않은 남성과 섹스를 하면 자궁암에 걸릴 확률이 높아진다는 연구 결과가 미국에서 유명 주간지인 타임지에 크게 실렸다.

원더라는 의사에 의하여 수행된 이 연구 결과는 타임즈의 유명세에 힘입어 미국에서 포경 수술이 급증하는 데 커다란 공헌을 하였다고 믿어지고 있다. 예를 들면, 포경 수술은 누구나 해야 한다고 주장하던 의사 루벤은 이 기사 이후의 해프닝을 다음과 같이 기술하고 있다.

한 부인은 이 기사를 읽은 후 남편의 포피를 손으로 잡고 다음과 같이 말했다.

"이 포피를 자르든가, 이혼해 줘!"

이 연구는 많은 논란거리가 되었다. 예를 들면 자궁암에 걸린 여성들에게 남편의 포경 수술 여부를 묻는 것으로 후속 연구가 계속되었는데 아이러니컬하게도 절반이 넘는 여성들이 자기 남편이 포경 수술을 했는지 안 했는지에 대하여 정확히 알지 못하는 것으로 밝혀졌다. 이러한 연구로부터 나오는 결과들을 믿을 수 있겠는가?

1973년에 테리스 등은 자궁암 환자의 남편이나 섹스 상대자가 포경 수술을 했는지의 여부를 실제로 조사했는데, 결과는 포경 수술의 여부가 자궁암과 아무런 상관이 없는 것으로 나왔다. 이 결과는 1965년에 발표된 영국의 연구 결과와 일치한다.

유대 인 여성들이 상대적으로 자궁암 빈도가 낮은 것은 사실이다. 그러나 그 이유를 좀 더 자세히 살펴보지도 않고 포경 수술과 관련지은 것이 문제였던 것이다. 왜냐하면 포경 수술이 자궁암 예방에 절대적인 영향을 미친다면 이슬람교 여성들의 자궁암 빈도도 낮아야 하는데 그렇지 않기 때문이다. 게다가 인도의 파르세스Parses 족은 포경 수술을 하지 않는데도 포경 수술을 하는 이웃나라 파키스탄 인보다 훨씬 더 자궁암의 비율이 낮았다. 게다가 포경 수술의 비율이 1%도 안 되는 스웨덴과 노르웨이의 자궁암 비율이 포경 수술을 열심히 하는 미국의 절반도 못 미친다는 사실은 포경 수술과 자궁암을 관계 짓는 것이 얼마나 근거 없는 주장인가를 극명하게 보여 준다.

아이러니컬하게도 우리나라는 포경 수술 대국이면서 동시에 HPV 감염률이 가장 높은 나라이다.

포경 수술과 음경암

음경암이라는 것은 매우 드문 병이다. 미국을 예로 들면 10만 명에 10명 정도로 걸리는 병이며 우리나라에는 정확한 통계조차 없다. 많은 사람들이 걸리는 암, 즉 자궁암, 위암, 간암, 폐암, 유방암, 직장암 등에 비하면 음경암은 약 100분의 1 정도꼴로 나타나는 매우 희귀한 병이다. 그러다 보니 통계 자료를 수집하기도 어렵다. 그럼에도 불구하고 우리나라에서는 '포경 수술을 안하면 음경암에 걸릴 위험이 높다'며 포경 수술을 권장하고 있다. 1970년대까지만 해도 미국에서는 이 음경암을 포경 수술로 예방할 수 있다며 신생아 포경 수술의 의학적 가치로 많이 홍보했다. 그러나 포경 수술을 하는 국가와 그러지 않는 국가의 음경암 통계를 비교해 보면 이 주장이 잘못되었다는 것을 알 수 있다. 위키피디아에 의하면 음경암의 발생률은 매년 10만 명당 미국이 1명, 호주가 0.4명, 덴마크가 0.8명이다.
이 정도 발생률로는 음경암과 포경 수술의 상관관계를 전혀 확
인할 수 없다.

　최근에 미국 암학회에서 소아과 학회에 보내는 공개 서한에
서도 바로 이 사실을 꼬집으면서 음경암과 포경 수술을 연결하
는 것에 대하여 따끔한 일침을 가하고 있다. 게다가 음경암이라
는 것이 워낙 드문 병이기 때문에 포경 수술로 인한 염증, 사망
(실제로 미국에서는 포경 수술로 인한 사망이 심심찮게 보고되고 있다)
등을 고려하면 설사 음경암이 포경 수술에 의하여 예방된다고
가정하더라도 포경 수술을 할 가치가 없다는 것을 지적하고 있
다. 모든 수술에는 부작용이 따르므로 이러한 부작용과 잠재적
인 예방 효과를 잘 대비하여 포경 수술을 결정하는 것이 바람
직하다. 반면에 우리나라에서는 아직도 책이나 신문, 잡지 등에
서 포경 수술의 필요성을 주장할 때 꼭 음경암과 연관지어 설명
하고 있다.

　다음은 미국 암학회에서 미국 소아과 학회에 보낸 공개 서한
이다.

　미국 암학회의 대표로서 미국 소아과 학회에 다음과 같은 점을 강

조하고 싶습니다. 자궁암과 음경암을 방지할 수 있다는 이유로 포경 수술을 시술하는 것은 그만두어야 합니다. 미국 암학회는 포경 수술이 자궁암이나 음경암을 방지할 수 있다는 것을 믿지 않습니다. 포경 수술과 자궁암의 관계를 언급해 온 과거의 연구들은 연구 방법론에서부터 잘못되었고, 이미 한물간 이야기이며 지난 수십 년 동안 의학계가 심각하게 관심을 가져 본 적도 없었습니다.

마찬가지로 포경 수술과 음경암을 관계 짓는 연구들 역시 분명한 결론에 도달한 것이 없습니다. 음경암은 지극히 드문 병이며, 더욱이 포경 수술을 하지 않는 나라들의 음경암 비율이 미국보다 훨씬 낮은 경우가 많습니다. 게다가 음경암으로 인한 사망 비율이 포경 수술로 인한 사망 비율과 비슷할 정도로 낮은 것을 보면 포경 수술을 음경암 예방법으로 선전하는 것은 말이 되지 않습니다.

포경 수술을 자궁암 예방책으로 선전하는 것은 실제로 암을 유발하는 인자들, 즉 흡연, 무절제한 섹스 등에 대한 일반 대중의 인식을 오히려 약화시킬 수 있다는 점에서 오히려 해가 됩니다. 이러한 선전은 이제 그만두어야 합니다.

1996년 2월 16일

휴 싱글레톤, 클락 히드

국민이 무식하다?

2002년 영국 비뇨기과 학회지에 〈아들의 포경 수술에 대한 한국 부모의 지식과 태도Knowledge and attitudes of Korean parents towards their son's circumcision : a nationwide questionnaire study〉란 제목의 한국 비뇨기과 대학 교수들의 논문이 실렸다. 초록에서 설문 조사 결과 91.3% 의 부모가 포경 수술이 꼭 필요하다고 믿고 있고 단 2.1%의 부모 만이 필요하지 않다고 믿고 있는 것으로 나타났다. 마지막 초록 의 결론 부분은 다음과 같았다 .

This study indicates that common beliefs held by parents about the prepuce or circumcision differ significantly from current medical knowledge, and these beliefs have a major influence on the practice of circumcision in Korea. More clinical research on the natural history of the foreskin is needed, and it is critical that both children and parents are informed about the potential benefits and disadvantages of circumcision.(본 연구는 한국의 부모들이 가지고 있는 포경 수술이나 포피에 대한 일반적인 믿음이 최근 의학 적 지식과 매우 다르다는 것을 보여 주고 있다. 이러한 믿음이 한국 에서 포경 수술에 큰 공헌을 하고 있다. 포피에 관한 역사적 임상 연

구가 많이 시행되어야 하며 부모나 어린이들에게 포경 수술의 단점과 가능한 이득에 대한 올바른 정보를 제공하는 것이 중요한 상황이다.)

즉 우리나라 대부분 부모들이 가지고 있는 '포경 수술은 꼭 필요한 수술'이라는 믿음은 최근의 의학적 지식과 큰 차이를 보이고 있다는, 한마디로 우리 국민이 포경 수술에 대하여 무지하다는 이야기이다.

우리나라 비뇨기과 의사들에 의해 2003년에 발표된 다른 글의 결론도 마찬가지이다.

본 연구 결과에 의하면 한국의 남성들이 포경 수술에 관하여 긍정적인 태도를 가지고 있다. 주로 포경 수술이 청결과 관계가 있는 것으로 믿고 있다. 한국에서 포경 수술은 이러한 문화적 신념에 의하여 행해지고 있다.

여기서도 우리나라가 포경 수술 대국이 된 것은 의사들의 무지가 아니라 국민들의 무지 때문이라고 이야기하고 있지 않은가. 우리는 이러한 부끄러운 상황에 대한 일차적 책임은 의사들에게 있다고 보고 있다. 국민들이 아니라 의사들의 무지 때문이다. 그러나 의사들은 국민들이 무지하기 때문이라고 한다.

저자들이 2000년 국제 인권상을 받은 후 많은 변화가 있었다. 그 한 사례가 대한비뇨기과학회에서 2001년 출판한 '비뇨기과학 (3판)'을 통한 대한비뇨기과학회의 입장이다.

적당한 위생 상태를 유지할 수 있다면 환상절제술(포경 수술)이 음경암 및 다른 질환의 발생에 큰 영향을 주지 않으므로 모든 사람에게서 시행할 필요는 없으며 감염, 포경 및 감돈포경이 있는 경우가 환상절제술의 적응증이다.

신생아에서 환상절제술은 절대적인 적응증이 되지 못한다. 그 이유는 환상절제술로 질병이 예방된다는 확실한 증거가 없기 때문이며 성병, 음경암의 발생이 환상절제술을 시행하지 않은 경우에 비해서 차이가 없다고 한다. 오히려 외요도구 협착 같은 합병증이 발생할 수 있으므로 신생아에서 환상절제술은 신중을 기해 시행하는 것이 좋다.

이 교과서는 이전에 포경 수술을 주로 찬성하는 내용을 담고 있었다. '적당한 위생 상태를 유지할 수 있다면'이라고 단서를 달

았으나 과거 목욕을 자주 할 수 없는 시절에도 포피 때문에 문제가 된 적은 없었다. '감염이 있는 경우'도 마찬가지다. 선진국 의사들은 포경 수술을 할 만한 심각한 포피의 질환을 본 적이 없다고 이야기한다.

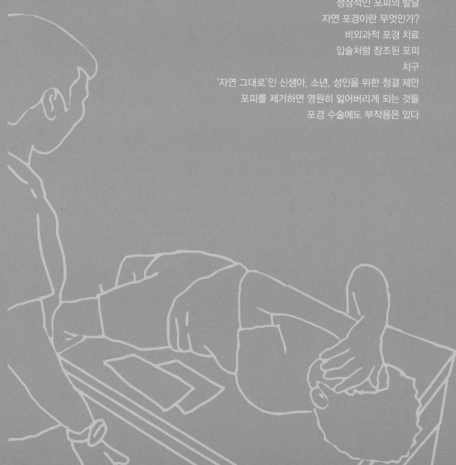

정상적인 포피의 발달

남성 포피의 정상 성장 및 발달은 의학계 및 일반 대중 모두에 의하여 잘못 이해되어 왔다. 이 잘못된 믿음 때문에 우리 아이들의 포피는 불필요하게 잘려 나갔다.

일반적으로 아이가 막 태어났을 때는 포피의 끝이 좁으며 길다. 따라서 대부분의 경우 귀두가 포피를 통과할 수 없고 내포피의 점막층은 귀두의 점막층과 붙어 있기 때문에 젖혀지기 어렵다. 이렇게 끝이 좁은 정상적인 포피가 '포경'으로 부적절하게 진단되어 온 것이다.

포피와 귀두의 결합은 종종 유착이라는 적절하지 않은 용어로 불리는데 후에 차차 분리되기 시작한다. 이 과정은 3~5세에 시작하여 사춘기 이후까지 진행된다. 물론 개인차가 심하여 어려서 분리되는 경우도 있다.

우리와 유전적으로 가까운 일본 청소년을 대상으로 한 연구에 의하면, 소년들의 나이가 진행됨에 따라 포피-귀두 유착은 현저히 감소하고 이와 동반하여 포피의 젖혀짐은 증가했다.

어린아이가 소년으로 그리고 청년으로 성숙하는 과정에서 더 많은 변화가 생긴다. 포피 끝은 점점 넓어지고 포피는 짧아지고

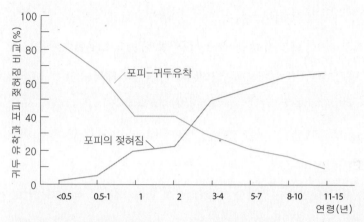

| 포피-귀두 유착과 포피의 젖혀짐 비교 | 나이가 진행됨에 따라 포피-귀두 유착은 현저히 감소하는 반면 이와 동반하여 포피의 젖혀짐은 증가하고 있다. (*British Journal of Urology, 1999*)

포피 안의 성기는 자라게 된다. 또한 귀두와 포피의 결합은 자연스럽게 분리된다. 이때부터 포피는 젖혀질 수 있다. 놀랍지 않은가?

미국뿐만 아니라 전 세계의 많은 의사들이 포피의 성장과 발달에 대하여 제대로 교육받지 못하였으며 심지어 비뇨기과 의사들도 이러한 생리를 전혀 모르고 있다. 그러므로 정상적인 발달 과정에 '포경'이라는 오진 딱지를 붙여 건강하고 기능적인 신체의 한 부분을 잘라 내고 있다.

의과 대학에서 이러한 생리를 가르칠 시간과 관심이 없기 때문에 대부분의 의사들은 무지의 상태에서 포경 수술을 시행하고 있다. 많은 의사들이 정상적인 단단함과 포경을 구별하지 못하고 있다. 또한 언제부터 포피를 젖힐 수 있는지 제대로 몰라서 너무 이르게 강제로 포피를 젖혀 어린아이들에게 정신적, 육체적 상처를 남기고 있다. 이제 이러한 무지에서 우리 아이들을 보호하여야 한다.

포피에는 어린아이가 오줌을 누지 않을 때에는 포피 끝을 닫힌 상태로 유지하는 근섬유가 있다. 이 근섬유 때문에 부모들이나 의사들은 포피구가 실제보다 훨씬 작다고 믿고 있다. 미국과 영국에서 이런 잘못된 포경 진단은 매우 흔하다고 한다.

소년들은 오줌 눌 때 자신의 포피가 풍선 모양으로 팽창하는 것을 경험하게 된다. 이 현상은 배뇨 시 포피 내 소변의 압력에 의하여 포피가 팽팽하게 부풀어 오르는 것으로 내포피가 귀두로부터 분리되고 있음을 보여 준다. 주로 3~5세에 일어나는 이 현상은 포피가 계속 발달하고 포피구가 넓어지면서 사라지는 일시적인 상태이며 사실 아무런 해가 없다.

성기의 발달에는 꽤 오랜 시간이 요구된다. 소년들의 발달 속도에는 개인차가 있으며 포피의 성숙은 청소년기 이후까지 계속된다. 사춘기 이후에는 포피의 젖혀짐을 포함하여 성 기관에 많은 변화가 있기 때문에 성기의 모양이 성인이 되었을 때 어떻게 변할지 아무도 예측할 수 없다. 따라서 수술을 꼭 해야 한다면 성인이 되어서 해야 한다. 그 결정은 포피의 주인인 자신이 해야 하며 거기에는 수술을 해야 하는 분명한 이유가 있어야 한다.

아직 만 18세 이상의 남성들을 대상으로 한 조사는 없다. 그러나 만 18세에도 많지는 않지만 단단한 포피를 가지고 있는 남성들이 있으므로 포피는 20대 초반까지 발달하는 것으로 추측할 수 있다. 따라서 포피의 정상 여부, 즉 포경 여부에 대한 진단은 20세가 넘어서 하는 것이 바람직하다.

결론을 말하자면, 모든 남자는 좁은 포피를 가지고 태어나고 이 포피는 귀두와 점막에 의해 결합되어 있다. 이 정상적인 생리에 대한 무지로 인하여 많은 부모들이 불필요한 걱정을 하고 있다. 어린이의 포피는 절대 물리적으로 젖히지 말아야 한다. 포피는 준비가 되면 쉽게 젖혀지며 포피를 처음으로 젖히는 사람은 바로 그 몸의 주인인 당사자가 되어야 한다.

100명 중 99명의 남성은 늦어도 20대 초반까지는 포피를 자유로이 젖힐 수 있게 된다. 정상적인 성기의 포피는 대단한 신축성을 가지고 있다. 포피 자체의 길이는 중요한 것이 아니며 발기 시 저절로 혹은 손으로 포피를 살짝 당겼을 때 별 문제 없이 뒤로 젖혀지면 아무런 문제가 없는 정상이다. 포피를 젖혀 놓고 생활하게 되면 귀두의 색이 변하고 각질화된다.

포피는 열심히 일하는 기관이다. 자신의 임무를 제대로 수행하도록 평상시에 포피가 귀두를 완전히 덮고 있는 것은 매우 바람직하다.

자연 포경이란 무엇인가?

1999년 영국 비뇨기과 학회지에 밝힌 것처럼 우리나라에는 '자연 포경'이라는, 전 세계에서 유일하게 우리만 사용하고 있는 용어가 있다. 굳이 정의하자면, 자연 그대로 두어도 포경 수술이 필요 없는 상태를 말한다. 이렇게 말하면 물론 대부분의 사람들, 즉 100명 중 99명의 사람들이 만 20세가 지나면 '자연 포경'에 해당하게 된다.

따라서 평소에는 포피로 귀두를 덮고 있다가 발기 시 혹은 손으로 포피를 뒤로 젖힐 때 귀두와 완전히 분리되면 물론 정상이고 '자연 포경'이다. 다시 말하지만, 평소에 덮혀 있는 것은 매우 정상적인 것이며 포피에 탄력성이 있어서 뒤로 완전히 젖혀질 수 있다면 '자연 포경'에 해당된다.

개인마다 귀두를 덮고 있는 정도의 차이는 있을지언정 자연 상태의 정상 포피는 발기 시 귀두가 완전히 노출된다. 물론, 태생적으로 포피가 짧아서 평소에도 귀두가 드러나 있는 경우도 있는데 이것은 좋은 것도 나쁜 것도 아니다. 그냥 정상의 범주 안에 있는 한 경우다.

그런데 일부 의사들이나 비전문가들이 평소에도 귀두가 드러나야 '자연 포경'이라는 잘못된 개념을 퍼뜨리고 있다. 이는 정상인의 숫자를 매우 제한하여 거의 모든 사람을 비정상적으로 만들고 수술이 필요하다는 잘못된 믿음을 가지게 할 수 있다. 따라서 이런 의미의 '자연 포경'은 명백히 잘못된 개념이다.

잘 알려진 바와 같이 전 세계 남성의 약 80%는 '자연 그대로'의 성기를 유지하고 있으며, 포경 수술을 대대적으로 하는 문화는 이슬람교 문화, 유대 인, 미국, 그리고 최근에 미국의 영향을 받은 필리핀과 남한이다.

정상적인 경우, 완전히 덮혀 있어서 귀두와 분리되지 않던 포피는 사춘기에 호르몬의 작용으로 탄력이 생기면서 자연스럽게 분리된다.

혹 포피가 길다고 해도 발기 시 혹은 손으로 당길 경우 무리없이 젖혀지면 정상적인, '자연 포경' 상태의 성기이다. 포피 끝이 쭈글

쭈글한 것은 포피와 귀두가 완전히 분리되었다는 것을 알려 준다.

이와 같이 정상적인 발달을 하지 못하고, 귀두와 포피가 성인이 되어서도 분리되지 않는 경우를 포경phimosis이라고 부르며 포경 수술은 바로 이 포경일 경우에만 필요하다. 여기에 해당되는 사람은 100명 중 1명 정도일 뿐이다.

우리나라에서는 '자연 그대로'가 '자연 포경'으로 잘못 사용되고 있다. 아이러니컬하게 두 용어 다 공통적으로 '자연'이란 말을 쓰고 있다.

비외과적 포경 치료

20대 초반이 되어서도 위에서 이야기한 100명 중 1명 꼴인 포경이라면 어떻게 해야 할까? 유럽, 미국 등에서는 이런 경우라도 스트레칭이나 스테로이드 연고 등을 활용하여 치료하는 경우가 많다.

스테로이드의 일종인 베타메타손은 많은 연고에 이미 함유되어 있다. 엘모아 등은 이런 연고를 하루에 두 번, 한 달 동안 바른 경우에 어린아이들이라도 70% 이상이 포피를 뒤로 젖힐 수 있게 되었다고 보고한 바 있다. 이 논문이 전통적으로 보수적이고 포경 수술을 찬성해 온 텍사스에서 나왔다는 것은 의미가 크다. 또한 일반적으로 포경 수술을 찬성하는 태도를 취하는 학술지에서도 이 방법을 포경 수술의 대안으로 보고하고 있다.

우리와 인종적으로 가까운 타이완에서는 포피가 완전히 붙어 있던 3~15세 소년들이 하루에 두 번씩 2주일 동안 연고를 바른 후에 95% 이상의 소년이 포피를 뒤로 젖힐 수 있게 되었다고 한다. 사춘기가 되면 정상적으로 분비되는 스테로이드에 의해 대부분 포피구가 넓어지고 포피가 부드럽게 젖혀지게 되므로 굳이 미리 사용할 필요는 없다. 혹 20대 초반까지 기다렸는데도 포피가 젖혀지지 않는다면 포경 수술이 아니라 스트레칭이나 연고를 이용한 치료를 먼저 시도할 필요가 있다.

대부분 가정에서 이용하는 연고에는 스테로이드란 물질을 포함되어 있으며 이 물질은 포피구를 넓히는 데 도움을 준다. 베타메타손이 0.025~0.12% 정도 포함된 연고를 1일 2회씩 4~8주간 포피 끝에 바르고 포피를 젖히는 연습을 하면 부작용 없이 85~95%의 성공률을 기대할 수 있다.

국내에서 구할 수 있는 연고로는 데OO트, 실O론, 세OOO지 등이 있는데 첫 두 연고는 항생, 항진균 및 스테로이드 3개 성분을 포함하는 전문 의약품으로 처방이 필요하나 마지막 연고는 일반의약품으로 의사의 처방이 필요 없으며 베타메타손을 0.061% 함유하고 있어 포피구를 충분히 넓힐 수 있다. 이런 노력 후에도 효과를 볼 수 없는 불행한 경우에는 포경 수술을 받아야 한다.

입술처럼 창조된 포피

16세기부터 인체의 구조적인 신비에 관한 연구가 시작되었음에도 불구하고 포피의 구조와 기능에 관한 지식은 놀라울 정도로 미미하다. 아마도 입 밖으로 내기가 어려운 주제였던 것 같다.

포피는 특수한 기능의 수행을 위한 특별한 구조를 가지고 있다. 또한 성기의 건강한 한 부분이며 성 기관이므로 당사자는 물론 배우자도 이에 대한 지식이 필요하다.

포피는 성기의 반 이상의 피부를 구성하고 있다. 입술과 같이 외층(외포피)과 점막층(내포피)의 두층으로 되어 있다. 입술의 내면과 같이 포피는 마찰로 인한 상처를 잘 견디도록 되어 있으므로 '마찰 점막 frictional mucosa'이라 불린다. 또한 방수 작용을 하여 젖은 상태를 견딜 수 있도록 되어 있다.

포피는 점막을 통하여 빠져나온 수분에 의하여 항상 촉촉하여 매끈한 형태를 유지한다. 하지만 성기가 건조하거나 감염이 되었거나 포피를 무리하게 젖히려다 상처가 났을 때 다른 부위에 비해 늦게 회복될 수 있다.

포피의 중요하고도 독특한 임무에 대해서 더 알아보자.

포피에는 육양근Dartos muscle이라는 가는 근육 섬유가 결합되어 있어 발기 시나 추울 때 음낭을 위쪽으로 수축시킨다.

포피 끝 안쪽에는 능선대라는 주름이 많이 잡힌 조직이 숨어 있다. 이곳에는 마이스너 소체Meissner's Corpuscles라는 똘똘 감겨 있는 형태의 신경 말단이 수없이 많이 집중되어 있는 신체의 유일한 부분으로, 성적 자극을 감지한다.

또한 내포피는 귀두와 요도구와 점막피부 접합부를 형성하는데, 입술과 같은 구조로 여기에도 신경말단들이 풍부하다. 이 구조는 여성들도 가지고 있는데 소음순에서 음핵 덮개까지 이르기까지 넓게 퍼져 있다. 결국 이 구조는 성교를 원활히 하도록 도와준다.

포피에는 수많은 신경이 분포되어 있으며 특히 포피 끝에 가까운 점막피부 접합부가 있는 능선대에 많이 분포한다. 이 부분은 가장 민감한 최고의 성감대이다. 그러므로 포경 수술로 이들 신경 분포가 감소되면 성적 민감성도 감소한다.

능선대는 포피소대와 결합되어 있으며 운동에 매우 민감하게 작용한다. 성교 시 혹은 전희 중 포피는 앞뒤로 미끄럼 운동 Gliding Action을 하게 되는데 그 과정에서 포피의 능선대가 쭉 펴지면서 수많은 쾌감 센서들이 자극을 받게 된다.

포피에 비한다면 귀두에는 신경 분포가 많지 않아 민감하지 못하다. 귀두에는 귀두관 corona glandis에 신경 분포가 가장 많이 있어 이 부분의 자극으로 사정을 할 수 있다. 정상 남성의 경우 포피는 성교 시 귀두관을 직접적인 자극으로부터 보호하여 조루나 원하지 않는 사정을 조절할 수 있도록 한다.

다음 그림은 일본 나고야 다산 축제의 모습인데 흥미롭게도 깃발의 화살표가 잘 묘사된 능선대를 가리키고 있다. 일본인들은 아마도 오래전부터 이 부분을 분명히 인식하고 있었으며 그 역할도 잘 이해하고 있는 듯하다.

포피 안쪽은 항상 촉촉하며 페로몬을 생산하고 분비한다. 또한 전립선, 정낭선 및 구요도선의 분비물이 포피 내 환경이 촉촉하게 유지되도록 도움을 준다. 이 분비물 안에는 항세균성 및 항바이러스성 작용을 하는 물질이 포함되어 있다고 한다. 또한 귀

| 일본 나고야 다산 축제 | 깃발 화살표에 능선대가 잘 묘사되어 있다. (*British Journal of Urology, 1999*)

두를 덮고 있는 점막이 습기를 유지할 수 있도록 보호하는 천연 유지를 생산한다.

신생아들의 포피는 매우 작다. 그러나 발달을 계속하여 성인이 되면 상당한 면적을 가지게 된다. 포피는 주름진 두 층의 피부로 면적은 40cm² 이상이며 평균 길이는 6.4cm이다.

포피소대Frenulum는 귀두 밑에 위치하는 V자 형의 고도로 분화된 성감대로 포피를 귀두에 매어 놓는 기능과 젖혀진 포피가 원래 자리로 돌아오도록 하는 역할을 한다. 성교 시에는 쭉 늘어나 쾌감을 최대한 느끼게도 한다. 일반적으로 포경 수술을 하면 포피소대는 잘려 나가므로 남성의 성적 쾌감의 기본적인 구조가 완전히 파괴된다고 할 수 있다.

뇌와 같은 신경 구조와 마찬가지로 포피 끝은 혈액을 풍부하게 공급받는다. 귀두는 포피소대 동맥으로 혈액을 공급받는데 포피는 몇몇 중요 정맥의 도관이기도 하다. 포경 수술은 이 도관들을 파괴하므로 발기부전을 야기할 수도 있다.

포피는 감염에 대한 천연 방어 기구이다. 갓난아이들의 포피 끝은 가늘고 긴 모양을 하고 있으며 배변 시를 제외하고는 항상 꼭 닫혀 있다. 포피 내 분비물은 유해 세균들을 파괴하는 물질인 라이소자임lyzosyme을 가지고 있다. 또한 포피는 '랑겔한스' 세포들을 가지고 있어 에이즈를 발병케 하는 HIV와 싸운다.

포피의 기능을 요약해 보자.

- 귀두와 안쪽 포피 사이에 점막층을 형성하여 신생아 때 기저귀 독이나 대변으로부터 귀두를 보호한다.

- 일생 동안 마찰이나 찰과상으로부터 귀두를 보호한다.

- 귀두를 매끄럽게 유지하며 귀두가 각질화되지 않도록 한다.

- 귀두에 적절한 습기를 제공하고 연화유를 분비하여 귀두를 부드럽게 유지시킨다.

- 귀두를 미끄러운 물질로 덮어 보호한다.

- 귀두의 신경이나 혈관 계통을 보호한다.

- 라이소자임을 제공하여 세균 감염을 최소화한다.

- 귀두의 고유 색깔을 유지시켜 배우자를 시각적으로 자극한다.

- 발기 시 주름을 펼쳐서 충분한 피부를 제공 한다.

- 자위행위나 전희 시 다양성을 제공한다.

- 성교 시 삽입을 용이하게 하여 준다.

- 성교 시 마찰을 줄이고 찰과상을 줄여 준다.

- 성적으로 민감한 조직으로 작동한다.

- 배우자의 지스팟을 자극한다.

- 성교 시 분비액이나 정액의 역류를 방지한다.

- 페로몬을 분비하여 배우자를 자극한다.

- 안면 화상시 손상된 눈꺼풀 성형 등 재건 성형 시 피부 조직 대체 사용 가능하다.

- 일광화상이나 동상으로 부터 귀두를 보호한다.

- 콘텍트렌즈 보관 혹은 보석 밀수에 이용된 석이 있다.

치구

치구는 영어로 'smegma'라고 하는데 라틴어로 '비누'라는 뜻이다. 성기의 탈락 상피세포, 피부 오일, 수분 등의 결합체로 남성의 경우 포피 밑에 축적된다. 여성들도 치구를 생산하며 생산된 치구는 음핵 주위나 소음순 주름에 축적된다. 남성에게 치구는 평상시 귀두를 마르지 않도록 하며 성교 시 윤활제로 작용한다.

치구는 항세균성 효소와 안드로스테론androsterone이란 남성호르몬을 포함하고 있으며, 사춘기에 많이 생산되다 중년기에는 감소하고 노년이 되면 더 이상 생산하지 못한다고 한다. 건강한 동물에선 치구가 성기를 청결하게 유지하는 데 도움을 준다고 한다.

논문에서는 치구에 의해 포피의 위생이나 질병 문제를 야기하지는 않았다고 보고하고 있다. 주성분은 27%의 지방과 13%의 단백질이다.

결론적으로 치구는 불결한 물질이 아니다. 치구 때문에 포경 수술을 하여야 한다면 여성도 포경 수술을 해야 하나?

'자연 그대로'인 신생아, 소년, 성인을 위한 청결 제안

'자연 그대로'인 남성들에 대한 전문가들의 청결 제안을 소개한다. 지극히 단순하고 쉽다.

- 특별하거나 꼭 해야 하는 것은 전혀 없다.
- 신생아 : 매우 쉽다. 그냥 둔다.
- 신생아와 소년 : 어떤 목적으로도 부모나 의사가 절대로 포피를 억지로 젖히지 않는다.
- 포피를 처음으로 젖힐 수 있는 사람은 바로 그 몸의 주인이어야 한다.
- 포피가 젖혀지지 않거나 젖혀져도 너무 민감한 남성은 포피를 젖히지 말고 그냥 성기를 세척한다.
- 일반적인 목욕 세제를 이용한다.

포피를 제거하면 영원히 잃어버리게 되는 것들

사람들은 포경 수술을 단지 여분의 피부를 제거하는 수술로만 생각한다. 그러나 위에서 살펴보았듯 포경 수술은 남성의 성 기관 중 중요 요소를 제거한다. 포경 수술 시 잃게 되는 것들을 목록으로 만들었다. 그중 포피 복원에 의하여 개선이 되는 것들도 있으나 대부분은 영원히 잃어버리는 것들이다.

일반적으로 숨겨져 있는 내포피와 귀두의 천연색은 발기 시 살짝 보이는데 귀두가 노출되어 있는 각질화 귀두에 비하여 좀 더 강렬하다는 보고가 있다. 이 시각적 자극의 사회-생물학적 기능은 아직 알려져 있지 않다.

포피가 손상되지 않은 귀두는 분홍색, 적색 혹은 어두운 자색이지만 신생아 혹은 어린 시절에 포경 수술을 받으면 포피와 귀두의 유착이 찢겨 나간다. 그러면 귀두는 보호받을 수 없게 되어 감염, 상처, 압박, 수축 등에 의해 결국 고유의 색을 잃게 된다. 또한 귀두는 부적절하게 자신을 보호하기 위하여 부가적인 층을 형성하게 되어 차츰 딱딱해진다. 포경 수술 이후 포피 복원에 성공한 귀두는 포경 수술 전으로 극적인 변화를 하게 되어 매끄럽고 반들반들하게 된다.

포경 수술은 헐렁하고 넉넉한 두 개의 층으로 싸여 있던 성기의 길이와 둘레를 감소시킨다. 포피가 제거된 성기는 '자연 그대로'의 성기에 비하여 끝이 잘린 상태이며 가늘다. 포피 복원이 성공하면 포피의 길이와 성기의 둘레 치수가 어느 정도 증가할 수 있다.

신생아 시기에 포경 수술을 받은 경우에는 모자 간의 유대감이 파괴될 수 있다고 한다. 타인을 신뢰하는 감정이 억제되거나 손상된다. 또한 신경 발달에도 악영향을 끼친다. 또한 수술 과정에서 발생하는 싸울 수도 달아날 수도 없는 고통 때문에 후천성 무력함이 발생하기도 한다.

포경 수술로 잃어버리는 것들과 복원 가능성

잃어버리는 것	복원 가능성	잃어버리는 것	복원 가능성
능선대	불가능	랑겔한스선	불가능
미끄럼 운동	가능	귀두 고유의 색과 외형	가능
마이스너 소체	불가능	길이와 둘레	가능
포피소대	불가능	혈관	불가능
육양근막	불가능	복측 신경	불가능
면역 계통	불가능	모자 간 유대감	불가능
림프관	불가능	후천성 무력함	불가능
에스트로겐 립셉터	불가능	통증에 대한 인내력	불가능
아포크린선	불가능	성기	불가능
피지선	불가능	목숨	불가능

무엇보다도 불행한 것은 수술 시 사고나 수술 후 감염에 의하여 성기 전체를 잃는 경우이다. 그들은 거세나 트렌스젠더 수술로 본래의 성 기능을 잃거나 포기하고 있다.

매년 전 세계의 어린이들 중 적지 않은 수가 포경 수술로 목숨을 잃고 있다. 이 사실은 묵살되어 오고 있으며 주의를 끌지 못하고 있다.

앞의 표에서는 포경 수술과 함께 영원히 잃어버리는 것들과 포피 복원이나 다른 방법을 이용하여 잃어버린 것들을 복원할 수 있는 것들과 그렇지 않은 것들도 정리해 보았다. 미끄럼 운동, 귀두 고유의 색과 외형, 길이와 둘레 같은 물리적인 것들은 다행히 어느 정도 복원이 가능한 것을 볼 수 있다.

포경 수술에도 부작용은 있다

간단하다고는 하나 포경 수술도 분명히 수술이다. 그러므로 흔하지는 않지만 심각한 부작용이 있을 수 있다. 윌리암과 카필라는 의학적 포경 수술의 부작용을 2~10%로 예측하였고, 최근 보고서에는 의학적인 포경 수술의 부작용을 약 18%하고 기술하고 있다. 그러나 정상적인 포피의 기능을 잃었다는 점

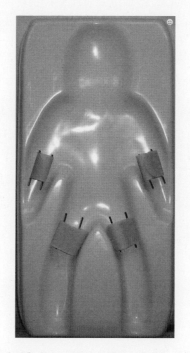

│ 신생아 포경 수술에 사용되는 고정틀 │ 신생아 포경 수술 시 환아가 수술 도중 움직이지 못하게 만든 고정틀 (*http://intaction.org/*)

과 상처를 고려한다면 부작용은 100%라고 말할 수 있다. 미국에서 한 해 약 120명의 신생아들이 목숨을 잃고 있다. 놀랍게도 이 수치는 어린아이들의 질식이나 자동차 사고로 인한 사망보다도 높은 것이다. 전 세계적으로 전체 사망 24,000건당 1건이 포경 수술 부작용으로 인한 사망이고 하루 평균으로는 1.5명에 이르는 수치다. 이 통계는 의학적인 포경 수술만 대상으로 하였기 때문에 기타 비의학적 포경 수술을 포함한다면 훨씬 높을 것이다.

포경 수술 부작용의 몇 가지 심각한 사례를 들어보면 수술 과정에서 귀두부가 거의 모두 잘려 나간 경우, 성기의 피부를 다 잃어 성기가 '완전히 드러난' 경우, 심한 염증이 생긴 경우, 심한 흉터가 생긴 경우, 또 스킨 브리지skin bridge가 생긴 경우를 들 수 있다.

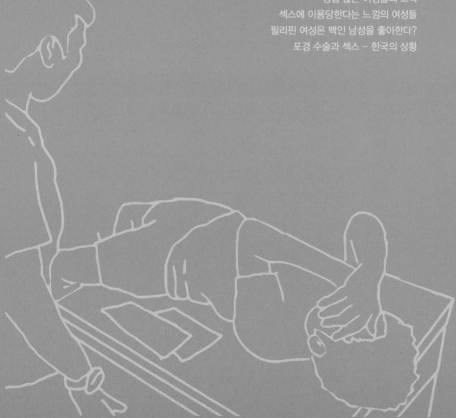

우리나라의 포경 수술과 섹스에 관련된 통념

우리나라에서는 언제부터인가 포경 수술이 일종의 정력 증진 수단으로 인식되어 왔다. 포경 수술을 하지 않으면 조루증에 걸릴 확률이 높고, 성교 시간이 짧다는 인식이 그것이다. 게다가 포경 수술이 성기를 크게 할 수 있다는 믿음도 널리 퍼져 있다. 1990년대의 교과서나 백과사전, 신문 등에서 이러한 믿음은 어렵지 않게 확인할 수 있다.

한 예로, 예전 우리나라 주요 백과사전의 하나였던 〈파스칼 세계 백과사전〉에는 '조루증이면 포경 수술을 해야 한다'라는 식의 구절이 있다. 어떤 참고 서적에는 유대 인의 정력이 강해서 성교 시간이 얼마나 긴가로 유대 인인지 아닌지를 가려내었다는 이야기도 있다. 교육의 정도에 관계없이 우리나라 사람들에게 포경 수술과 관련된 잘못된 믿음이 뿌리 깊게 박혀 있는 것이다. 반면에 대영 백과사전은 다음과 같이 포경 수술을 기술하고 있다.

포경 수술은 이슬람 및 유대교의 종교적 의식이며 비종교적 포경 수술은 영어 문화권, 특히 미국에서 많이 행하여 졌다. 그러나 미국에서조차도 현재 포경 수술 비율은 상당히 줄고 있다.

우리나라의 백과사전과는 달리 대영 백과사전에는 포경 수술과 정력의 관계에 대한 어떤 언급도 없다.

그럼 도대체 우리나라 사람들에게 유포된, 포경 수술과 정력과의 관계에 대한 터무니없는 신화들은 어디서 비롯된 것일까? 포경과 섹스와의 상관관계에 대한 다양한 주장과 의견, 그리고 진실을 알아보자.

유대 인의 관점

포경 수술이 유대 인의 종교의식에서 비롯되었다는 것은 이미 말한 바 있다. 그렇다면 유대 인 자신들은 포경 수술과 섹스의 관계에 대하여 어떻게 생각하고 있을까? 이것에 대하여 깊게 다루기 전에 저자의 친구인 유대계 미국인 과학자 키쓰 왈트 박사의 이야기를 들어보자.

저자 _ 키쓰, 유대 인들이 포경 수술을 해서 정력이 강하다고 믿는 한국인들이 상당수 있습니다. 유대 인들은 섹스와 포경 수술의 관계에 대하여 어떻게 생각합니까?

키쓰 왈트 _ 유대 인들이 포경 수술을 해서 정력이 좋다고요? 금시초

문입니다. 포경 수술은 종교적 의식일 뿐 정력과는 아무런 관계도 없습니다. 미국에서 남성미가 없기로 유명한 것이 유대 인입니다. 공부벌레, 운동 못 하고 성적 매력이 없고 등이 유대 인에 대한 전형적 이미지입니다. 그래서 적어도 미국에서는 유대 인들이 이 면에 관하여서는 콤플렉스가 많습니다. 유대 인의 성적 능력이 뛰어나다고? 그것도 포경 수술 때문에? 당장 한국으로 이주해야겠습니다! 나는 굉장히 기쁩니다.

12세기 유명한 유대 인 랍비이자 의사인 마이모니데스Mai-monides 가 주장한 포경 수술과 섹스의 상관관계에 대해서 알아보자. 마이모니데스는 유대교에 있어서는 기독교의 토마스 아퀴나스와 같은 역할을 한 사람으로서 유대교에서 가장 유명한 랍비중 한명이다.

그는 포경 수술이 정력을 감소시키며 섹스는 적게 할수록 좋다고 믿었기 때문에 포경 수술을 권장하였다. 즉 우리와는 목적이 정반대였던 것이다! 또한 그는 유대 인 여성이 포경 수술을 하지 않은 자연 그대로의 남성과 성교를 하면 섹스의 즐거움을 알게 되어 다시는 유대 남성에게 돌아오지 않을 것이라고 경고하였다. 섹스에 있어서는 자연 그대로의 남성들이 더 우월하다는 것을 인정한 셈이다.

19세기의 관점

19세기 빅토리아 시대의 영어 문화권에서는 섹스, 자위행위는 나쁜 것이며 섹스는 적게 할수록 좋다는 믿음이 팽배하였다. 이러다 보니 역시 정력 약화, 자위행위 횟수 감소를 위하여 포경 수술이 권장되었다.

반면에 19세기 미국 의사인 슈터는 포경 수술을 한 흑인들이 정력이 좋다고 하면서 그 이유로 이들이 포경 수술을 했다는 점을 들었다. 반대로 또 어떤 의사는 포경 수술을 하지 않은 흑인들이 정력이 좋다고 하면서 따라서 정력을 감퇴시키기 위하여 포경 수술을 권장하였다. 물론 이러한 흑인에 관계된 설들은 모두 인종차별적인 것이다.

약 25년 전에 미국에서 포경 수술이 정력을 증강시킨다고 말한 사람이 있었다. 본명을 밝히지 않은 그는 포경 수술을 한 후에 사정을 자기 마음대로 조절할 수 있게 되었다고 주장하였다. 어떤 사람은 또 포경 수술을 한 후의 섹스는 마치 색맹이 된 것과 같이 재미가 없다고 한탄하였다. 이렇게 포경 수술이 섹스 능력을 높이는가에 대해서는 다양한 주장과 설이 있어왔다. 일부 포경 수술이 정력을 증가신킨다는 견해가 없지는 않지만 역사적으로는 정력 감소 쪽이 더 우세한 것으로 보인다. 하지만 우리나라에서는 아무런 연구나 고민 없이 정력 강화설이 뿌리를 내렸다.

체험에 의한 주장이나 막연한 믿음 혹은 오해가 아니라 포경 수술과 섹스에 관하여 처음으로 과학적인 접근한 사람은 미국의 마스터스와 존슨Masters & Johnson이었다. 그들은 1966년 보고서에서 '자연 그대로'의 남성과 포경 수술을 한 남성의 섹스 민감도에 차이가 없다는 것을 소수의 남성을 대상으로 조사하여 발표하였다. 반면에 최근에 미국의 로만Roman 등이 연구한 바에 따르면 포경 수술을 한 남성들이 '자연 그대로'의 남성들보다 이성 및 동성과 오랄 섹스 및 항문 섹스를 '즐길' 확률이 더 높다고 한다. 자위행위 빈도도 포경 수술을 한 쪽이 더 높았다. 이 결과는 자위행위를 줄이기 위하여 19세기 빅토리아 시대의 미국 및 영국에서 포경 수술을 시작되었던 것을 상기하면 매우 흥미롭다.

경험 많은 여성들의 고백

포경 수술을 시킨 수컷 쥐는 성교하는 데 많은 어려움

을 가진다는 실험 결과가 있어 재미있다. 포경 수술을 한 쥐들은 발기와 삽입에서 수술하지 않은 쥐들보다 더 힘들었다고 한다. 물론 이 결과를 사람에게 직접 적용할 수는 없다.

하지만 사람이건 쥐건 포경 수술과 섹스에 대한 여러 가지 다양한 믿음들이 주로 남성(혹은 수컷)들로부터 나왔으며 마스터스와 존슨의 연구와 같은 몇 개 되지 않는 연구들도 남성이 그 대상이었다는 점은 분명해 보인다.

반면에 1999년 영국 비뇨기과 학회지의 포경 수술 특집호에서 미국 연구진이 상당히 신빙성 있는 방법으로 포경 수술과 섹스의 관계를 조사해서 흥미롭다. 이 논문에서는 포경 수술을 한 남성과 자연 그대로의 남성들과 모두 섹스를 해 본, 다시 말하면 '경험이 많은(평균 약 12명의 남성과 섹스함)' 139명의 여성들을 조사하였다. 즉 여성들에게 남성을 평가하게 한 것이다.

결론은 '자연 그대로'의 남성이 조루(이 연구에서는 삽입 후 2~3분 내에 사정하는 것으로 정의했다)도 훨씬 적고 여성들의 반응에 더 민감하며 더 큰 성적 만족을 더 주었다고 한다. 즉 이 조사에 의하면 미국 여성들이 포경 수술을 하지 않은 '자연 그대로'의 남성들을 선호한다는 것이다. 이러한 결과는 최근에 미국에서도 포경 수술 비율이 많이 줄고 있는 것과 관계가 있을 수도 있다.

섹스에 이용당한다는 느낌의 여성들

좀 더 자세히 살펴보면, 평균 성교 시간은 포경 수술을 한 남성이 평균 10.7분, '자연 그대로'인 남성이 평균 14.9분이었다. 성교 중 오르가즘을 느낄 확률은 포경 수술을 한 남성과 섹스를 한 경우 34.7%, '자연 그대로'의 남성과 섹스를 한 경우 약 60.6%였다. 반면에 여성이 성교 시 불편함을 느낄 확률은 포경 수술을 한 남성과의 성교 경우가 약 2배 정도 높았다. 또한 여성들은 심리적인 면에서 포경 수술을 한 남성들과 성교할 때 친밀감과 정서적 안정이 현저히 떨어졌고 반면에 '이용당한다'는 느낌이 강하게 들었다고 기술하였다.

연구진은 이러한 결과가 나온 이유는 포경 수술이 남성의 민감성을 떨어뜨렸기 때문이라고 보았다. 즉 포경 수술이 성교에 중요한 포피 신경세포들을 제거했기 때문에 여성의 반응에 민감하지 못하게 되어 여성의 반응에 상관없이 성교를 빨리 끝내고 싶어 하게 되었기 때문에 때문이라는 것이다. 한마디로, 포경 수술이 성적 소통의 부재를 가져온 것이다.

또한 조사에 참여한 여성들은 포경 수술을 한 남성들과 성교할 때는 원활하고 즐거운 성교에 필수적인 체내 분비물이 잘 분비되지 않아 마찰이 심해져서 즐거움이 감소된다고 했다. 이 논문에 따르면 포피는 여성의 질 내 분비물을 촉진하여 원만한 성생활에 도움을 주는 반면, 포경 수술로 포피를 제거한 남성의 경우 '자연 그대로'의 남성보다 여성에게 성적 만족을 주기가 더 어렵다는 것이다.

이러한 연구 결과는 최초로 여성이 성교 상대인 남성을 '채점'한 것이기 때문에 지금까지의 어떤 연구 결과보다도 더 신빙성이 높다고 할 수 있다. 그러나 섹스는 개인차가 워낙 크기 때문에 개인을 놓고 보았을 때에는 섣불리 단정해서는 안 될 것이다.

문제는 우리에게 포경 수술을 전해 준 미국에서조차 포경 수술이 정력을 강화시킨다는 주장은 매우 소수이고, 지금은 그 반대의 설이 점점 우세해지고 있다는 점이다. 즉 이제는 포경 수술이 섹스에 좋지 않다는 것을 많은 사람들이 믿게 된 것이다.

그러면 우리나라는 어떤 연유로 우리 안의 아무런 연구도 하나 없이 포경 수술이 정력을 증강시킨다고 믿게 된 것일까? 이것은 매우 재미있는 질문이 아닐 수 없다. 이러한 믿음이 우리나라가 최단 시간 내에 세계 최고의 포경 수술 대국이 되는 데 단단히 한몫한 것이 분명하기 때문이다.

이 물음에 대한 답은 매우 복잡할 것이며 아마도 영원히 정확한 해답이 안 나올 수도 있다. 하지만 저자들이 본 필리핀 남성들에게서 해답의 일부를 찾을 수 있을 지도 모른다.

필리핀 여성은 백인 남성을 좋아한다?

잘 아는 바와 같이 필리핀은 미국의 식민지였으며 미국에 있는 필리핀 여성들은 아직도 백인 남성을 좋아한다는 통념이 있다. 그러다 보니 필리핀 남성들은 예전부터 미국, 특히 백인 남성들에 대한 미묘한 감정이 있는 것 같다. 사실 이러한 감정은 아시아 남자들에게 어느 정도 공통된 것인지도 모른다. 할리우드 영화에서 아시아 남성은 항상 섹스와는 관계없는 역할을 하지 않는가! 이러한 감정이 혹 성기에 대한 열등감으로까지 확대된 것은 아닐까? 실제로 저자는 필리핀 남성들의 포경 수술에 의한 '성기 확대'에 대한 미신이 우리보다도 훨씬 강한 예를 많이 보았다. 이러한 미국인에 대한 '성기 열등감'이 필리핀을 또 하나의 포경 수술 대국으로 만드는 데 영향을 미쳤다고 생각하면 지나친 것일까?

우리나라 역시 해방 이후 미 군정부터 시작하여 6·25 전쟁을 거치면서 미국 남성을 일종의 '능력남'으로 보는 경향이 많이 있었다. 혹 이러한 경향과 근거 없는 열등감이 다음과 같은 어처구

니없는 공식으로 이어지지는 않았을까?

> 전제 : 미국인은 무엇이든지 우리보다 우월하다.
>
> → 따라서 성기와 정력도 그러할 것이다.
>
> → 미국인, 특히 많은 백인들은 포경 수술을 했다.
>
> → 미국 백인들이 정력이 강한 것은 바로 이 포경 수술 때문일 것이다.
>
> → 따라서 우리도 포경 수술을 해야 한다.

만약 그렇다면 이 생각은 당장 지금부터 없애야 한다. 세계에서 가장 조루가 많고, 성병이 많고, 섹스에 관한 문제점이 많은 남성들이 밀집해 있는 나라가 바로 미국이다. 이것은 미국인 자신들이 인정하는 바이다. 우리는 성에 관하여 미국에 대한 열등감을 느낄 하등의 이유가 없다. 포경 수술과 정력을 연관 지으려 하는 것은 단도직입적으로 말해서 말도 안 되는 이야기다.

이미 미국의 포경 수술은 급격히 줄고 있는데 우리는 아직도 세계 최고의 포경 수술 대국이라는 불명예를 못 벗고 있다. 포경 수술이 정력에 좋다는 이야기는 이제 그만했으면 좋겠다. 포경 수술과 섹스에 관하여 이야기할 때는 개인차를 염두에 두어야 한다. 포경 수술로 인한 어떤 차이보다도 더 큰 영향을 주는 것은 유전적, 심리적인 요소를 포함한 개인차일 것이다.

포경 수술과 섹스 - 한국의 상황

우리는 2007년 영국 비뇨기과 학회지에 발표한 〈포경 수술이 성에 미치는 영향〉 이라는 논문에서 한국인을 대상으로 포경 수술과 섹스와의 관계를 심도 있게 다루었다.

설문지를 이용하여 포경 수술을 받은 남성과 받지 않은 남성들의 성적 능력과 수술 전후의 성생활을 비교했는데 결과는 놀랍게도 영국 비뇨기과 학회지의 '경험 많은 여자들'에 의해 도출된 것과 일치한다.

사실 이런 비교가 가능한 나라는 남한밖에 없다는 것에 주목해야 한다. 전 세계적으로 대부분의 모슬렘들은 사춘기 이전에 포경 수술을 하고, 미국인과 유대 인들은 신생아 포경 수술을 하기 때문에 비교가 불가능하다.

저자들은 성행위를 하고 있는 373명의 남성 중 포경 수술을 받은 255명과 받지 않은 118명을 조사했다. 포경 수술을 받은 255명 중 138명은 수술 전에도 성행위 경험이 있었으며, 그들 모두는 20세 이후에 수술을 받았다. 기존의 〈남성 성 기능 질문서〉에는 성생활의 특성에 대한 특별한 언급이 없기 때문에 포경 수술 전후의 성행위나 자위행위의 쾌감을 비교하는 질문을 추가했다.

포경 수술을 받은 사람과 받지 않은 사람의 성욕, 발기, 사정, 사정 시간을 비교했을 때는 큰 차이가 나타나지 않았다. 그러나 성행위 자체에서는 유의미한 차이가 있었다. 자위행위의 경우 응답자의 8%만이 포경 수술 이후 쾌감이 늘었다고 대답한 반면 48%는 감소했다고 했다. 자위행위 시 불편함을 느끼는 비율도 포경 수술을 하고 난 뒤 더 불편했다는 대답이 응답자의 63%에 달했다. 반면 더 쉬워졌다고 대답한 사람은 37%였다. 약 6%의 응답자는 포경 수술 이후 성생활이 더 좋아졌다고 답한 것에 비해 20%는 더 나빠졌다고 응답했다.

| 포경 수술 후 성생활 만족도| 차이가 없거나 나빠졌다는 응답이 전체의 94%이다.
(한국일보, 2006)

결국 성인 시기의 포경 수술은 수술의 합병증과 신경 조직의 소실 때문에 많은 남성들의 성적 기능에 역효과를 가져오며, 포경 수술 이후 자위행위의 쾌감이나 성적 쾌감의 현저한 감소가 일어난다고 결론을 지을 수 있었다. 우리의 연구 결과를 좀 더 자세히 소개한다.

1. 포경 수술과 섹스 – 한국의 상황; 배경

포경 수술은 음경을 둘러싼 피부의 33~50%와 특히 신경 조직을 모두 제거한다. 포경 수술이 음경의 성감대에 영향을 주는지에 대한 논쟁은 계속 있어 왔지만 적절한 연구는 거의 이루어지지 않았다. 포경 수술이나 성 기능에 대한 연구가 대부분 신생아 때 포경 수술을 받은 사람들이 대상으로 이루어졌기 때문에 그 차이를 확인할 수 없었다. 의학이나 종교적인 이유로 성인이 되어서 포경 수술을 받은 남자들에 대해 연구한 두 편의 논문은 확실한 결론을 이끌어 내지 못했다.

우리는 최근에 한국(남한)의 놀랄 만큼 높은 포경 수술 비율에 대해 보고한 바 있다. 한국은 지역 또는 문화적 이웃들 중에서 소년들 대부분이 수술을 받는 유일한 나라이다. 한국에서 포경 수술은 50년 전에 시작되었으며, 지금은 세계에서 가장 높은 포경 수술 비율을 보이고 있다. 한국에서는 대부분 신생아 시기가 아니라 사춘기 때나 성인이 되어서 수술을 받는다. 그러므로 한국은 포경 수술이 성생활에 끼치는 효과에 대한 유일한 실마리를 제공할 수 있다. 우리는 성인의 포경 수술이 성행위에 어떤 영향을 끼치는지에 대한 답을 구하기 위해 포경 수술을 한 사람과 그렇지 않은 사람을 비교하고, 수술 전후의 성생활을 비교했다. 이 논문은 세계적으로 그 가치를 인정을 받아 구글 학술 검색google scholar에서 이미 100번 넘게 인용되었다.

2. 포경 수술과 섹스 – 한국의 상황; 연구 방법

성행위를 하는 373명의 남성들(30~37세)중 255명(평균 나이 37.1세, 표준편차 5.3, 범위 30~57)은 포경 수술을 받았고, 118명(평균나이 38.2, 표준편차 5.3, 범위 30~54)은 수술을 받지 않았다. 포경 수술을 받은 255명 중 138명은 포경 수술 전에도 성행위 경험이 있고, 그들 모두는 20세 이후에 포경 수술을 받았다. 자위행위를 포함한 성생활의 질에 대한 포경 수술의 효과를 보기 위해서 우리는 포경 수술 이후 성생활과 자위행위의 쾌감이 증가하였는지, 줄었는지에 대한 질문을 추가해서 〈남성 성 기능 질문서〉를 수정했다. 또한 사정 시간에 대해서 질문했고, 수술 이후 흉터가 남았는지도 물어보았다. 설문지는 11개의 문항으로 되어 있다. 1번부터 4번까지는 〈남성 성 기능 질문서〉와 유사하고 여기에 사정 시간(질문5)과 자위행위에 대한 질문을 추가했다. 성생활에 포경 수술이 어떤 영향을 주는지에 대해 초점을 맞추기 위해서 포경 수술 전후의 자위행위를 포함해서 성생활의 질을 비교할 수 있는 138명에게만 7번~11번의 질문을 했다. 통계적으로 중요한 수치인 p-value 0.05 이하의 유의성을 결정하는 데 카이제곱 검정을 사용하였다.

3. 포경 수술과 섹스 - 한국의 상황; 결과

포경 수술을 한 사람과 하지 않은 사람들 사이에서(질문 1~4) 성적 충동, 발기, 사정에 대한 통계 상의 유의성은 없었다. 삽입 후 사정 때까지 걸리는 시간은 포경 수술을 안 한 사람이 12.7분 포경 수술을 한 사람의 경우 10.9분으로 포경 수술을 안 받은 사람들이 더 길었다. 자위행위의 빈도에 대한 질문(질문 6)에는 포경 수술을 받지 않은 사람들 중 '가끔 한다'라고 응답한 수가 두드러지게 높게 나왔다. 전체적으로는 포경 수술을 받은 사람보다 그렇지 않은 사람들의 자위행위 빈도가 약간 높게 나왔다.

자위 시 쾌락에 대해서는 포경 수술 이후 쾌락이 증가하였다

가. 당신의 나이는? 만 (   )세
나. 포경 수술을 하셨나요? 했다 (   ) 안 했다 (   )
다. 포경 수술을 하셨다면 언제 하셨나요? 만 (   ) 세

1. 지난 한 달 동안 얼마나 자주 성욕을 느끼셨나요?
㉮ 전혀 못 느꼈다.   ㉯ 드물게 느꼈다
㉰ 가끔 느꼈다   ㉱ 거의 매일 느꼈다   ㉲ 매일 한번 이상 느꼈다.

2. 지난 한 달 동안 실제로 여성(파트너)과 몇 번이나 성관계를 가지셨나요?
㉮ 한 번도 없다   ㉯ 1–2회   ㉰ 3–4회
㉱ 5–6회   ㉲ 7–10회   ㉳ 10회 이상   ㉴ 거의 매일

3. 성교를 하더라도 사정을 못 하는 경우가 있나요?
㉮ 전혀 없다   ㉯ 가끔 있다   ㉰ 자주 있다   라) 거의 매번 사정 못 한다.

4. 발기에 관한 당신의 자신감은 어느 정도인가요?
㉮ 매우 자신 있다.   ㉯ 자신 있는 편이다   ㉰ 보통이다   ㉱ 자신 없다

5. 성교 시간은 삽입 후 대략 몇 분인가요? (   )분

6. 당신은 자위행위를 하십니까?
㉮ 전혀 안 한다   ㉯ 가끔 한다   ㉰ 자주 한다

7. 포경 수술 후 전에 비하여 자위행위 느낌은 어떤가요?
㉮ 좋아졌다   ㉯ 나빠졌다   ㉰ 변함없다

8. 포경 수술 후 자위행위의 양상이 달라졌나요?
㉮ 자위행위가 더 어렵다   ㉯ 자위행위가 더 쉽다

9. 포경 수술을 하셨다면 하신 후 자위행위 횟수가 변했나요?
㉮ 증가했다   ㉯ 감소했다   ㉰ 변함없다

10. 포경 수술 후 전에 비하여 성생활 만족도는?
㉮ 좋아졌다   ㉯ 나빠졌다   ㉰ 변함없다

* 10번 문제에서 (가)나 (나)를 답하셨다면 11번을 답해 주세요.

11. 포경 수술 후 성기에 흉터가 있나요?
㉮ 없다   ㉯ 조금 있다   ㉰ 심한 흉터가 남았다

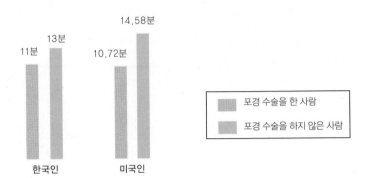

14.58분

13분

11분

10.72분

포경 수술을 한 사람
포경 수술을 하지 않은 사람

한국인   미국인

| 포경 수술에 따른 평균 성교 시간의 비교 | 한국인 미국인 모두 포경 수술을 받지 않은 쪽이 성교 시간이 길었다.

고 대답한 8%와 비교해서 48%의 응답자가 줄어들었다고 답했다. 나머지 44%는 변화 없다고 응답했다(질문7). 포경 수술은 확실히 자위행위의 쾌락을 감소키는 것으로 판단된다.

63%가 자위행위 하는 것이 힘들어졌다고 답했으며, 반면 37%는 더 쉬워졌다고 했다(질문8). 포경 수술 이후 자위행위 빈도에 대한 변화는 거의 없었다(질문9).

포경 수술이 성생활에 끼치는 영향(질문10)에 대해서는 74%의 응답자가 변화 없다고 했다. 약6%는 성생활이 향상되었다고 답했으며, 20%는 포경 수술 이후 더 안 좋아졌다고 말했다. 포경 수술 이후 성생활이 더 안 좋아졌거나 더 나아졌다고 대답한 사람들에게 왜 더 좋아졌다고 생각하는지(질문 10-1), 왜 더 나빠졌다고 생각하는지(질문 10-2) 물어보았다. 응답자 대부분은 성생활이 더 좋아졌거나 또는 더 나빠졌다고 생각하게 된 가장 주요한 원인으로 성감의 증가와 감소를 말했다. 나빠졌다고 생각하는 다른 이유로는 충분치 않은 피부로 인한 발기 시 불편함, 고르지 않은 피부의 손실로 페니스의 구부러짐, 발기 시에 느껴지는 고통과 출혈, 심한 상처, 성기 크기의 감소를 포함한다.

응답자들은 포경 수술 이후 광범위하게 신체적으로 나타나는 결과로는(질문 11) 대부분 공통적으로 상처를 언급했다. 63%는 작은 상처가, 9%는 큰 상처가 있다고 대답했다.

재미있는 점은 포경 수술 후에 성교 시간이 오히려 줄어들었다는 점이다. 포경 수술이 성감을 무디게 해서 성교 시간이 늘어난다는 주장이 드디어 신화로 밝혀진 것이다.

4. 포경 수술과 섹스 - 한국의 상황; 토론

한국은 포경 수술과 섹스에 대한 연구에 관한 한 세계적인 금광이다. 남한에서는 많은 남성들이 성행위를 경험한 이후에 포경 수술을 받는다. 따라서 이 남성들로부터 포경 수술 전후의 성생활을 비교할 수 있다. 세계에 유례가 없이! 이것은 남한에서의 포경 수술이 상대적으로 최근에 시작되었고, 20년 동안 거의 100% 넘는 포경 수술 비율을 가지고 있기 때문에 가능한 것이다. 포경 수술이 성생활에 미치는 영향의 관점에서 볼 때, 이 독특한 환경은 신생아 시기나 10세 이하에 포경 수술을 시켜서 어른이 되어서는 거의 포경 수술을 받지 않는 나라들과는 대조적이다. 다른 나라에서도 나이가 들어서 포경 수술을 한 사람들을 찾을 수도 있고, 인터뷰를 할 수도 있겠지만, 그들은 일반적인 사람들을 대표하는 것이 아니라, 포경 수술에 대해 의학적으로 또는 종교적 신념을 가진 사람들이다. 이런 의미에서 한국은 포경 수술이 성생활에 끼치는 영향을 일반적인 사람들에게서 연구할 수 있는 유일한 기회를 제공한다고 볼 수 있다.

〈남성 성 기능 질문서〉는 오리어리O'Leary 등에 의해서 성욕, 발기 기능, 사정, 수행되는 문제, 전체적인 만족감을 측정하기 위해 디자인되었다. 이 〈남성 성 기능 질문서〉가 이미 입증되어졌고 또 널리 사용된다 할지라도 포경 수술 전후의 성적 쾌락에 있어서의 차이를 설명하는 데는 불충분하다. 이런 이유로 우리의 질문서에는 〈남성 성 기능 질문서〉의 일부분과 성적, 자위행위의 쾌감에 대한 중요한 질문들을 추가했다. 특히, 성생활에 있어서 포경 수술이 주는 차이에 초점을 맞추었다. 포경 수술이 성욕, 발기, 사정에 대하여 큰 변화를 주지 않는다는 것은 센컬Senkull 등의 연구와 일치한다. 포경 수술을 하지 않은 남성이 사정 시간이 더 길다는 보고는 포경 수술을 하지 않은 사람들은 14.9분, 포경 수술을 한 사람들은 10.7분이라고 수치 상으로 표시한 오하러와 오하러O'Hara & O'Hara의 연구와 같다. 하지만 이 수치는 통계 상으로 중요하지 않다. 포경 수술을 했거나 하지 않았거나 둘 모두에게 나타난 사정 시간은 센컬의 연구에서 발견된 시간보다는 더 길었다.

미국에서 포경 수술의 대중화를 위해 '자위행위를 막을 수 있다'는 주장을 되었던 것을 상기하면, 자위행위에 대한 포경 수술의 영향은 매우 흥미롭다. 자위행위의 빈도는 포경 수술 이후 아주 조금 줄어들었지만, 포경 수술 이후 자위행위 시 쾌감이 줄었다고 대답한 48%와 반대로 더 늘었다고 대답한 8%를 비교해 보면, 포경 수술이 자위행위의 쾌감을 현저하게 줄인다는 것을 알수 있다. 이것은 현재 연구에서 찾아낸 가장 중요한 사실 중 하나라고 생각된다. 이것은 더 많은 남성들이 포경 수술 이후 피부가 줄어들었기 때문에 자위행위 하기가 더 어렵다고 기술한 점과 일치한다.

포경 수술 전후의 성생활을 비교할 수 있는 30세 이상의 138명의 남성들 중 70%(102명) 이상이 거의 차이가 없다고 대답했다. 하지만 포경 수술 이후 성생활의 기쁨이 덜하다고 느끼는 사람이 성생활이 더 나아졌다고 답한 사람보다 3배나 더 많았다. (28명 : 8명) 성생활의 즐거움이 줄었다는 사람에게서 자주 거론되는 이유로는 성적 흥분 감소(28명 중 21명), 수술로 인한 흉터와 그로 인한 성생활의 역효과에 대한 불평이 대부분이었다(28명중 13명, 중복 응답 각각 계산). 이것은 우리의 이전 연구와도 일관되며, 포경 수술로 남성 성기가 해부학적으로 변경될 수 있다는 점을 알려준다. 이 결과는 현재 연구에서 포경 수술을 받은 사람 중 포경 수술로 인해 큰 상처가 생겼다고 보고한 사람들이 9%에 달한다는 것과도 일치한다.

요약하자면, 우리는 포경 수술이 성생활에 끼치는 영향을 조사했다. 성욕, 발기, 사정에서는 차이를 보이지 않았다. 하지만 포경 수술을 받은 사람들은 자위행위의 쾌감과 성적 즐거움이 감소한다고 보고했다. 수술로 인한 신경 말단의 소실이 성 기능에 역효과를 준다는 결론을 내릴 수 있다. 또한 포경 수술을 받은 약 9% 남성들이 그들의 성기에 상처가 있다고 했다. 그리고 이 사람들은 불충분한 포피로 인한 발기 시 불편함과, 고르지 않은 피부 손실에 의한 성기의 구부러짐, 발기 시 고통과 출혈 등을 호소했다.

CHAPTER

7

할례,
금기시된
이야기들

왜 유대 인들은 할례를 할까

유대 인의 할례는 여호와와 아브라함과 그의 후손 사이에 언약의 징표로 시작되었다. 여호와가 아브라함 자신뿐 아니라 그 후손들이 그와의 언약을 기억하고 그것을 마음으로 믿게 하기 위해 아브라함을 비롯하여 그 언약을 믿음으로 받아들이는 모든 후손들에게 할례를 행할 것을 명하였다. 이를 증거하는 기록이 성경의 첫 부분인 창세기에 나타나 있다.

하나님이 또 아브라함에게 이르시되 그런즉 너는 내 언약을 지키고 네 후손도 대대로 지키라. 너희 중 남자는 다 할례를 받으라 이것이 나와 너희와 너희 후손 사이에 지킬 내 언약이니라. 너희는 포피를 베어라. 이것이 나와 너희 사이의 언약의 표징이니라. 너희의 대대로 모든 남자는 집에서 난 자나 또는 너희 자손이 아니라 이방 사람에게서 돈으로 산 자를 막론하고 난 지 팔 일 만에 할례를 받을 것이라. 너희 집에서 난 자든지 너희 돈으로 산 자든지 할례를 받아야 하리니 이에 내 언약이 너희 살에 있어 영원한 언약이 되려니와 할례를 받지 아니한 남자 곧 그 포피를 베지 아니한 자는 백성 중에서 끊어지리니 그가 내 언약을 배반하였음이니라. **창세기 17 : 9~14**

또한 이러한 증거는 신약 성경에서도 찾아볼 수 있다.

할례의 언약을 아브라함에게 주셨더니 그가 이삭을 낳아 여드레 만
에 할례를 행하고 이삭이 야곱을, 야곱이 우리 열두 조상을 낳으니
라. **사도행전 7 : 8**

이러한 여호와와의 언약 하에서 아브라함은 할례를 시행하게 된다.

이에 아브라함이 하나님이 자기에게 말씀하신 대로 이 날에 그 아들
이스마엘과 집에서 태어난 모든 자와 돈으로 산 모든 자 곧 아브라
함의 집 사람 중 모든 남자를 데려다가 그 포피를 베었으니 아브라
함이 그의 포피를 벤 때는 구십구 세였고 그의 아들 이스마엘이 그
의 포피를 벤 때는 십삼 세였더라. 그 날에 아브라함과 그 아들 이스
마엘이 할례를 받았고 그 집의 모든 남자 곧 집에서 태어난 자와 돈
으로 이방 사람에게서 사온 자가 다 그와 함께 할례를 받았더라. **창
세기 17 : 23~27**

아브라함이 할례를 행한 것은 비단 자신과 이스마엘(아브라함의
아내 사라가 자식을 생산치 못하였으므로 사라가 아브라함으로 그녀의

종인 하갈과 동침하게 하여 아브라함이 팔십육 세가 되던 해에 얻은 아들로 모슬렘의 조상이 됨) 뿐이 아니라 그는 이방인을 비롯한 자기 집의 모든 남자들에게 할례를 행하였다. 아브라함이 그 자신에게 할례를 행한 지 1년 후 즉, 아브라함이 100세 되던 해 아브라함과 사라 사이에서 여호와와의 약속에 따라 아들 이삭이 태어나게 된다. 여호와와의 명대로 아브라함은 이삭이 난 지 8일 만에 할례를 행하였다.

그 아들 이삭이 난 지 팔 일 만에 그가 하나님이 명령하신 대로 할례를 행하였더라. **창세기 21:4**

할례에 관한 율법은 이스라엘인의 종교 의식, 예배, 일상생활 속에서 지켜야 하는 율법을 기록한 레위기에서도 반복된다.

여덟째 날에는 그 아이의 포피를 벨 것이요. **레위기 12 : 3**

그러므로 유대교 안에서 할례의 필요성에 관하여 어떤 논쟁도 존재할 수 없으며, 건강 혹은 다른 측면에 바탕을 둔 할례의 정당성도 찾을 필요가 없었다. 유대 인에게 할례는 곧 여호와의 율법이었으므로 어떤 간섭도 종교적인 유대 인들의 이 의식을 깰 수는 없었다. 심지어 고대 그리스나 로마 시대에는 할례를 행하는 유대 인들을 사형했던 적도 있는데 이 시기에도 유대 인들은 할례를 멈춘 적이 없다. 소련 공산당은 소련에 거주하는 유대 인의 할례를 금지하였는데 이때에도 상당수의 유대 인들은 이 의식을 고집하였다. 그러나 소련에 거주하는 많은 수의 유대 인들은 공산주의 붕괴 이후 할례가 별다른 간섭 없이 시행될 수 있게 되자 다시 소련 내 유대 인 할례는 보편화되었다. 이 의식을 거행하고자 몇몇 영국 국적의 모헬(mohel;할례 의식을 행할 수 있는 자격을 가진 유대교인)들이 소련으로 이동하였다고 한다.

이러한 사실로 미루어 볼 때 할례는 유대교의 중심 규례이기 때문에 심지어 여러 가지 면에서 볼 때 유대교 신자라고 할 수 없는 유대 인이어도 아들들에게 할례를 고집할 수밖에 없었다. 유대 인에게 할례가 가지는 또 다른 중요한 역할은 남자아이에게 그 자신이 유대 인이라는 것을 확신시키는 것이다. 유대법에 의해 유대 인 어머니로부터 태어난 모든 아이들은 유대 인이 된다.

유대 인의 할례법

위에서 언급한 것과 같이 할례의 언약을 이행하여야 하는 유대 인의 율법은 성경에 기록되어 있다. 할례에 관계된 규정, 시행법 및 예외 조항에 관한 법은 탈무드에서 발견할 수 있다. 이 법은 유대교 법의 강령인 슈칸 아르크Shukhan Arukh에 성문화되어 있다.

모든 유대 인 아버지는 그의 아들에게 할례를 행할 의무를 가진다. 그 자신이 직접 할 수도 있고, 모헬에게 의뢰할 수도 있다. 이 의무에 소홀하면 하나님이 그들의 수명을 단축시키는 엄벌을 내린다고 굳게 믿고 있다. 아들의 할례를 행하지 않은 아버지는 그 책임을 종교 법정에서 묻게 되며, 할례를 받지 못한 아이가 13세가 되어 유대교의 모든 법을 준수해야 하는 나이에 도달하면 본인에게도 그 책임을 묻게 된다.

유대 율법Halakhic에 의한 할례의 필요충분조건을 살펴보면, 성기가 발기되지 않은 상태에서 포피가 귀두의 어느 부분도 덮어서는 안 된다. 귀두관corona glandis이 포피에 의해 덮여 있으면 완전하지 않은 할례로 판정된다. 이러한 내용은 탈무드에 잘 정리되어 있다.

창세기와 레위기에 명시된 것과 같이 할례는 생후 8일째에 시행되어야 한다. 그러나 신생아의 건강과 관련된 문제가 발생한 경우에는 연기될 수도 있다. 탈무드는 할례가 연기될 수 있는 조건들에 관하여 언급하고 있다.

전신성 질환에 의한 연기 조건으로는 열, 황달, 발적 등을 들수 있다. 아기가 위에 언급한 질환에 노출되었을 경우 이 질환이 호전된 이후 7일까지 연장시킬 수 있다. 이 규정은 현대 사회에 맞추어 진화되었다. 예를 들면 신생아가 인큐베이터에 머무를 경우 인큐베이터에서 나온 날짜를 기준으로 7일 이내에 할례를 행하면 된다. 의학의 발전에 따른 할례에 대한 마음가짐에 대해서 탈무드는 다음과 같이 말하고 있다.

사람의 생명에 위험을 줄 수 있는 질환이 의심될 때에는 할례를 차후에 시행한다. 그 이유는 생명 그 자체가 모든 것보다 소중하기 때문이다.

만약에 신생아가 국소적 질환을 가질 때에도 전신성 질환과 같은 맥락에서 할례는 연기된다.

또한 탈무드에서는 할례에 의하여 목숨을 잃은 가족의 이야기를 언급하고 있다.

한 여인의 첫째 아들이 할례 후 출혈이 멈추지 않아 사망하였고 연속적으로 둘째 아들에게도 같은 일이 벌어졌을 경우 셋째 아들부터는 할례를 면제시켜 주었다. 또한 두 자매가 모두 한 명씩의 아들을 할례 후 출혈에 의해 잃은 경우도 그다음 아들에게는 할례가 면제되었다.

이 예는 혈우병에 의한 경우로 추측된다. 그렇다면 기록상 가장 오래된 혈우병 예일 것이다. 유대 인들은 질환이 어머니를 통하여 유전되는 것을 오래전부터 인식하고 있었던 것 같다.

할례 절차

모헬은 할례 의식일 하루나 이틀 전에 할례 대상인 신생아를 방문하여 할례를 시행할 수 있는지를 타진하여야 한다. 할례 의식에는 주로 가족과 가족의 친구들이 참석하게 된다. 외국에 거주하는 유대 인에 경우 이 의식은 집에서 거행하게 된다. 이스라엘에서는 몇몇 병원에 할례를 위한 공간을 비치해 놓고 있다. 많은 사람들이 할례 의식을 전후하여 기도를 암송하게 된다. 전통적으로 남자아이의 경우 할례 의식이 끝남과 동시에 이

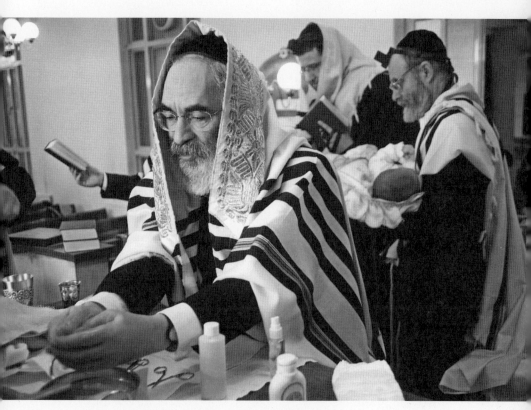

| 유대 인의 할례 의식 | 모헬이 유아에게 할례를 행하기 전 손을 씻고 있다.
(www.nymag.com)

름을 가지게 된다. 할례가 행하여지는 동안 생덱Sandek이라 불리는 사람이 아이를 붙잡고 있다. 통상적으로 생덱은 아이의 할아버지나 할머니가 맡게 된다.

아버지가 아기를 모헬에게 인계하면 모헬은 앉아서 기다리는 생덱에게 아기를 넘겨 보정시킨다. 아이의 옷은 벗겨지고 생덱은 아이의 다리 관절을 구부려 엉덩이가 위를 향하게 한다.

모든 수술 기구는 현재에 이용되는 기구와 흡사한데 소독된 것을 이용한다. 수술 과정은 다음과 같다.

먼저 피부를 소독하고 탐침을 이용하여 외피와 내점막으로 구성된 포피를 귀두로부터 분리한다. 음경근 부분을 오른손으로 잡고 음경이 흔들리지 않게 고정을 하면 피부를 통하여 귀두관의 윤곽이 나타난다. 왼손으로 포피를 잡아 당기면 잘라낼 피부의 양을 짐작할 수 있게 된다. 엄지손가락, 집게손가락의 끝 및 가운뎃손가락을 이용하여 포피가 미끄러지지 않도록 하여 귀두가 잘 보이도록 한 후 포피를 자른다.

전 과정에 소요되는 시간은 1~2분 정도이다. 모헬은 할례 후 30분이 지나면 지혈이 되었는가를 확인하고 3시간 이내에 아기가 소변을 잘 보았는지 확인해야 한다.

대부분의 모헬은 할례가 매우 짧은 시간 내에 이루어지기 때문에 아이에게 마취를 하지는 않는다. 그렇다고 탈무드에서 마취를 반대하는 것은 아니다. 만 하루가 지나면 모헬은 다시 할례받은 아기를 방문하여 붕대를 제거하고 상처를 점검하게 된다. 할례 후 음경은 보기 흉하게 껍질이 벗겨진 처참한 모습이지만 대개의 경우 더 이상의 처치는 하지 않는다. 할례 후 10~14일 정도면 상처는 대부분 문제없이 잘 아문다.

모헬의 훈련

영국에서 모헬의 훈련과 규제는 1745년에 발족된 모헬협회Initiation Society에 의하며 영국 주임랍비회The Chief Rabbi of Great Britain가 후원하고 있다. 1999년 45명의 모헬이 영국에서 활동하고 있었고 이 협회 안에는 소수의 의사 면허가 있는 모헬로 구성된 의학 위원회가 있다. 의사가 모헬을 하는 것은 20세기까지만 해도 매우 드문 일이었다. 모헬 협회는 모헬의 면허, 최소 기준의 설정, 모헬의 보증 및 협회 회원들에 의해 시행된 할례 등록 등을 한다.

이 협회는 6개월 훈련 프로그램을 운영하고 있으며 신앙심이 두터운 유대 인만이 훈련을 받을 수 있다. 모세의 아내 십보라가 그의 아들에게 할례를 행하였다는 기록(출애굽기 4 : 24~26)이 있지만 할례를 받은 자만이 할례를 시행할 수 있는 것으로 이해되고 있다. 즉 여성은 할례를 시행할 수 없다는 뜻이다. 모든 지원자는 주임랍비회에 의한 면접으로 입학 여부가 결정되며 한 기간에 4~5명의 학생이 훈련을 받게 된다. 이들 중 몇 명은 영국에서 훈련을 받았지만 해외에서도 할례 의식을 행할 수 있다. 학생들이 단독으로 할례를 시행하려면 40~50회 정도의 할례 의식을 참관한 다음에야 할 수 있다. 이 참관 수는 매우 적은 수이기 때문에 의사인 모헬이 할례를 행하는 것이 이상적이다.

모헬이 되기 전 학생들은 두 가지 시험을 통과해야만 한다. 첫 번째 시험은 실습 시험으로 두 명의 의학 위원회 회원이 지켜보는 가운데 할례를 시행하여 통과해야 한다. 두 번째 시험은 논술 시험으로 할례 관련법은 물론 유대법 전반을 얼마나 이해하고 있는가를 평가받는다.

모헬 협회에 의하여 정해진 최소 기준을 충족시키기 위하여 학생은 할례 전 적어도 한 번은 할례를 시행할 가정을 방문하여야 하며, 할례 몇 시간 후 그 부모와 접촉하여야 하고, 할례의 전 절차가 끝난 후 적어도 한 번은 그 가정을 꼭 방문하여야 한다. 할례 후 24시간 안에 지혈 붕대를 제거하고 부모에게 할례 후 처치에 관하여 서면으로 작성된 정보를 남겨야 하며 그 부모들이 연락할 수 있는 연락처를 남겨야 한다.

할례를 행한 모헬은 수가를 요구하지 않는데 그 이유는 하나님의 율법을 이행한 것이기에 하나님으로부터 적절한 보상을 받을 것이란 믿음 때문일 것이다. 대부분 모헬의 비용은 기부금이나 자선금으로 충당된다. 몇몇 모헬은 그 자신의 수입으로 비용을 충당하기도 한다.

모헬 협회 회원 중 의사 면허를 가진 모헬은 할례를 시행하는 다른 종교 집단이나 다른 문화권 아이의 할례를 시행하기도 한다. 이때에는 모헬 협회의 엄격한 규정과 지도 하에서만 행하게 된다.

율법이란 이유만으로 행하는 것들

아무런 의학적 이유를 찾을 수 없음에도 불구하고 할례는 유대교의 절대 요소로 4000년 이상 행하여져 왔으며 앞으로도 계속 유지될 것이다. 하나님으로부터 내려온 율법이라는 그 이유 하나만으로 모세의 십계명과 함께 유대 인들에 의하여 지켜져 왔고 또 지켜나갈 것이다. 고대 로마, 그리스 그리고 구소련에서 할례를 억압하고자 하였던 모든 시도는 물거품으로 돌아가고 말았다.

우리는 성경에서 성인기, 청소년기 및 신생아의 할례를 찾아볼
수 있다. 다음은 각 시기별 포경 수술의 효시이다.

- 아브라함 : 99세 – 성인 포경 수술
- 이스마엘 : 13세 – 청소년기 포경 수술
- 이삭 : 생후 8일 – 신생아 포경

포경 수술을 행하는 나이의 기준점이 민족에 따라 다른 것도
여기서 찾을 수 있다. 이스마엘이 조상인 이슬람권은 청소년기의
포경 수술을 시행하고 있으며, 이삭이 조상인 이스라엘은 신생
아기 포경 수술을 고집하고 있다.

이삭과 이스마엘의 전쟁이라고나 할까, 포경 수술이 보편화되
어 있는 나라에서는 포경 수술 시행 시기가 심심찮게 논쟁의 주
제가 된다. 미국과 이스라엘에서는 줄곧 이삭의 승리였지만 그외
의 나라에서는 성인으로 가는 통과 의례로 실시하는 경우가 많
으므로 이스마엘의 승리로 보인 보인다.

거듭 강조하듯이, 포경 수술은 의학적 이득이 거의 없다. 이득
이 있는 타당한 포경 수술의 대상은 1% 내외의 phimosis(包莖으

로 번역되어 오해의 소지가 많음. 포피구가 협소하거나 귀두와 유착되어 포피가 귀두 뒤로 젖혀지지 않는 병적인 상태)뿐이다. 따라서 포경 수술에 있어서는 이삭도 이스마엘도 승자일 수 없다. 우리 몸에 이득이 없는 수술에 어떻게 승자가 있을 수 있겠는가. 포피의 병적 상태 때문에 어쩔 수 없이 수술을 받은 경우가 아니라면 말이다.

그렇다면 왜 유대 인들은 아직도 할례를 고집하는 것일까? 특히 신생아기를 할례의 적기로 믿고 있는 이유는 무엇일까? 전통 유대교인의 입장에서의 답은 아주 간단하고 명료하다. 할례는 여호와와 유대민족과의 약속이기 때문이다. 신과의 약속에 의심이나 항거는 있을 수 없다는 게 신심이 깊은 이들의 일반적이고 상식적인 답이다. 할례는 유대 인의 정통성과 너무나 밀접한 관계에 있기 때문에 그것을 탄압하려는 모든 외부적 시도(로마 황제 하드리안 시대나 구소련, 나치 독일 등에서)는 모두 실패하였다.

그러나 이제는 유대 인들 스스로 자신들의 믿음인 할례를 의문시하고 이슈화하려는 움직임이 나타나고 있다. 이는 매우 흥미로운 추세이이다. 그리고 불과 60여 년 전 포경 수술을 도입하였음에도 의학적, 위생적이란 거짓 선전 하에 맹목적 통과 의식으로 포경 수술을 시행하고 있는 우리나라와 좋은 대조를 이룬다고 하겠다.

할례에 의문을 제기하는 이유

유대 인들 스스로 종교적 할례를 재조명하는 이유는 앞에서 살펴본 포경 수술의 여러 가지 문제점과 같은 선상에 있다. 할례는 고통스러우며, 예전부터 가정되어 왔던 의학적 이득이 없다는 것이다. 또한 할례를 받은 아이의 엄마-아기 간 유대감 장애 등 또 다른 악영향을 끼친다는 이유 때문이다.

유대 인 남자아이들은 태어난 지 8일째에 마취 없이 할례를 받는다. 이 의식에 동반된 고통은 아이의 비명으로 판단하건 혹은 아기의 심장박동이나 혈장 내 코르티솔(cortisol, 스트레스 호르몬)의 농도 차이로 판단하건 매우 크다.

소아과 의사인 프라이스Fleiss는 '포경 수술 시 발생하는 고통에 의한 심장 박동수 및 혈장 내 코르티솔 농도의 증가는 가히 고문에서 의해 발생되는 것과 가까운 수준'이라고 지적하였다. 스탱Stang 등은 '포경 수술은 매우 고통스럽기 때문에 신생아 고통과 스트레스 연구에 최적'이라고 이야기 할 정도이다.

이것은 유대 인들의 믿음과는 완전히 다른 발견이다. 대부분의 유대 인들은 할례는 필요 없는 피부를 약간 자르는 행위일 뿐이므로 큰 아픔을 주지 않는다고 생각한다. 심지어 어떤 유대 인들은 할례를 기저귀를 가는 일 혹은 손톱을 깎는 것에 비유하기도 한다. 할례 도중 아이가 비명을 지르고, 떨며, 창백해져도 이 할례의식을 지켜본 대부분의 유대 인들은 '용케 잘 참네, 장해, 새근새근 잠 들었어'라고 말한다. 그러나 관련 연구에서는 아기들은 잠이 든 것이 아니라 큰 고통이나 스트레스 때문에 기면에 빠져든 상태 즉, 반 혼수상태라고 지적한다.

의사인 모헬에 의해 유대 인들 사이에 영속되고 있는 또 다른 믿음은 신생아의 포피에는 신경이 없기 때문에 할례 시 아픔을 느끼지 않는다는 것이다. 자신들의 할례는 모슬렘의 할례와 비교해 덜 고통스럽다고 주장하는 것도 같은 이유다. 사실 최근까지도 '신생아는 통증을 느끼지 못한다'라는 근거 없는 사회적 통념이 유대 인뿐 아니라 전 세계적으로 있었다. 정말 그럴까?

그렇지 않다. 아니 오히려 그 반대이다.

신생아는 어린아이, 청소년 및 성인에 비하여 같은 자극에 대하여 더 강하게, 더 오래 느낀다. 또한 신생아는 이러한 정보를 느낄 수 있는 기관이 몸 전체에 걸쳐 더욱 넓게 분포하고 있다. 런던 대학의 피츠제랄드Fitzgerald 교수 팀은 신생아 몸의 신경계는 어린아이나 성인의 신경계에 비해 해부생리학적으로 더 민감하다고 보고하였다. 그러므로 성인들은 인식하지 못하는 매우 경미한 자극에도 신생아들은 아픔을 느낄 수 있다고 한다. 하물며 포피는 손가락 끝, 입술, 유두, 성기에서 발견되는 분화된 마이스너스 소체(촉각신경 말단) 등 수많은 신경 말단이 포함된 감각 기관이다. 신생아는 성숙한 신경계에서의 억제기전을 가지고 있지 않으므로 이 섬세한 기관을 마취 없이 잘라 낼 때 엄청난 고통에 무방비로 노출될 수밖에 없다.

또 신생아 시기에 포피가 음경과 분리되는 경우는 매우 드물기 때문에 이 시기에 수술을 하면 음경 및 관상구corona sulcus에 붙어 있는 포피를 강제로 찢을 수밖에 없다. 세 살만 되어도 이 부분이 분리되는 아이들의 수가 많다. 늦게 하는 쪽이 그나마 상대적으로 고통이 적을 수 있다는 의미이다.

일부 유대 인들은 어린아이들이 수술 과정에서 아픔을 느꼈다고 해도 그건 매우 짧은 시간이며 무엇인가를 기억하기에 너무 어리다고 주장한다.

하지만 아이들의 고통은 그렇게 짧지 않다. 할례 후 음경 표면에는 출혈이 있으며 최소한 수일간 고통이 지속될 것이다. 게다가 어린아이들이 할례에 대하여 부분적으로 기억하고 있다는 충분한 자료가 있다.

타디오Taddio의 흥미로운 실험이 그 좋은 예이다. 예방 주사를 놓을 때 통증 반응에 관한 연구에서 포경 수술을 받았던 아이들이 그렇지 않은 아이들보다 통증에 현저히 높은 반응을 보였다. 즉 의식적인 기억이 아닌 신경계의 재구성에 의하여 그 흔적이 남아있는 것이다.

신생아 시기에 통증을 경험한 아이들의 엄마–아기 간 유대감 및 숙면에 어려움이 있다고 보고한 연구자도 있다.

포경 수술은 이처럼 극심한 고통을 유발한다. 이 고통이 가해질 때 아기는 비명을 지르며 울지만 금방 그 어떤 것도 그를 고통에서 모면할 수 없음을 알게 된다. 즉 완전히 속수무책인 자기를 경험하게 된다. 그의 비명, 울음과 발버둥만이 불가항력 상황의 고통을 호소하는 유일한 표현일 것이다.

의학적 이득이 없는 의식

할례에 의해 출혈, 감염, 요도 협착, 음경 절단, 상처가 생긴 음경, 페뇨, 드물지만 신장 장애, 요도 감염, 폐혈증, 급성 심부전 등의 방심할 수 없는 합병증들이 보고되고 있다. 윌리암(William)과 카필라(Kapila)는 음경에 영구적으로 극심한 손상을 주는 소름끼치는 예들을 보고하였다. 그럼에도 불구하고 지금까지 유대 인이나 모슬렘 공동체에서 할례의 합병증에 관하여 공식적으로 발표된 통계는 단 한 건도 없다.

유대교의 할례는 철저히 신앙에 근거하여 행하여지고 있다. 실질적인 혹은 납득할 만한 의학적 이득은 없다. 그럼에도 불구하고 비종교적 혹은 비정통파 유대 인들조차 위생상 혹은 질병의 예방 차원으로 이 의식을 계속 고집하고 있다. 대부분의 유대 인들은 포경 수술이 자궁암, 음경암, 요도 감염 등의 질환 예방에 효과가 있다는 주장이 거짓말이라는 사실을 모르고 있는 듯 행동한다. 심지어 이러한 웃지 못할 의학 상식 위에 한술 더 떠서 포경 수술이 천식, 간질 및 과도한 자위행위 예방에 효과적이라는 사실도 믿고 있는 것 같다.

어머니에 대한 영향

새로이 어머니가 된 여성들은 아기를 보호하고 싶어 하는 강한 본능을 가지고 있다. 유대 사회에서는 이 자연스러운 모성이 할례 의식의 필요성과 정면으로 대치하게 된다. 유대 여성들은 자식을 낳은 후 휴식을 취하면서 기뻐하여야 할 시기에 자식을 보호하려는 본능과 전통에 대한 충성 사이에서 가슴이 찢어질 듯한 고통을 느낀다고 한다. 유대 여성만이 아니라 할례를 행하는 아프리카 종족이나 모슬렘 사회의 여성들도 같은 고통을 토로한다. 유대법에서는 아버지가 자식의 할례 의식을 지휘하게 되어 있다. 여자는 절대 이 문제에 관여할 수 없다. 그래서 어머니들은 아기의 고통을 그저 속수무책으로 바라볼 수밖에 없다. 이 과정을 겪은 많은 여성들이 몇 십 년이 지난 후까지도 무기력함, 죄책감을 느끼고 후회를 한다고 한다. 만약 자식이 성장한 후 의젓하게 '아프지 않았어, 별거 아니었어'라고 말한다면 이러한 감정에서 해방될 수 있을지도 모른다. 그러나 그들이 출혈과 상처의 심각성을 알게 된다면 절대로 이 의식에 찬성하지 않을 것이며 심지어 배신감마저 느끼게 될 것이다.

할례는 엄마로부터 남자아이를 빼앗아 그 종족의 한 남자로 선포하는, 남자들의 결속을 위한 의식이다. 할례를 신성한 것으로 정의하는 것은 여성도 아이도 아닌 유대 남성들이다. 폴락 Pollack은 '유대 여성들은 칼로 남자아이의 포피를 베어 내는 것이 신성한 것과 무관하다는 것을 다 알고 있다. 무엇이 정말로 신성한 것인가를 다시 정의할 필요가 있다'고 지적한다.

신생아의 안녕을 부수는 행위는 그 어떤 것도 신성한 것일 수 없으며 정당화될 수 없다. 폴락은 '할례는 부권사회의 기본 요소일 뿐 신성한 것이 아니다'라고 말한다.

윤리적으로 온당치 못한 일

생후 8일 된 아이에게 강제된 이 행위가 만약 성인에게 이루어지면 어떻게 될까? 분명 폭행으로 책임을 묻게 될 사건일 것이다. 어린아이와 갓난아이를 완전한 인간으로 간주한다면 강압적으로 신체의 건강하고 기능적인 한 부분을 잘라 내는 행위는 명백한 비윤리적 행위이다. 할례를 당하는 아이들은 의사 표시를 하기에는 너무 어리기 때문에 속수무책으로 당할 수 밖에 없다. 아이들이 할 수 있는 유일한 표현은 그저 목청껏 우는 것 뿐이다.

유대교 문헌들의 증거

유대교와 이슬람교에서는 인간은 하나님의 형상으로 만들어 졌다고 믿고 있으며, 하나님은 곧 완벽으로 개념화되어 있다. 그러므로 하나님의 완벽한 창조에 대항하는 것은 신성모독이라고 말할 수 있다. 유대교에는 몸의 보호에 관한 법Shmirat Ha Guf이 있다. 이 법에서는 몸을 꿰뚫는 행위, 문신 및 신체의 일부를 자르는 행위를 금지하고 있다. 이러한 금기 사항은 탈무드에서도 찾아볼 수 있는데, 이 법에 의하면 생후 8일 된 아기에게 할례를 행하는 것은 위법이다.

창세기에 나타난 할례에 관한 명령은 신명기와 이사야서에서 은유적인 방법으로 다시 나타난다. 선지자 이사야는 '네 마음의 양피(포피)를 베어라' 라고 하였다. 이는 죄를 느끼지 못하게 하는 마음속 깊은 곳의 두꺼운 껍데기를 잘라 내라는 뜻일 것이다. 이 말은 다른 의미로 오늘날 적용되어야 할 것 같다. 우리 마음의 양피를 벨 때 아이들의 고통에 찬 울음소리를 들을 수 있을 것이다.

유대교의 권위 있는 법전 술칸 아쿠르Shulchan Aruch에서는 갓난아기가 아플 경우 할례를 금하고 있다. 이는 생명 자체가 의식에 대한 복종보다 중요하다는 이야기일 것이다. 탈무드에서도 생명이 위험에 처한 경우 어떠한 희생을 치루더라도 생명을 구해야 한다고 말하고 있다. 여기에서 위험이란 임박한 것과 가능성이 있는 것 모두 포함한다. 성경 역시 '네 이웃의 피를 흘려 이익을 도모하지 말라(레위기 19 : 16)'고 말하고 있다. 따라서 생후 8일째 행하는 할례는 위험을 동반하므로 금하여야 한다. 탈무드에서 의식에 순종하는 것보다 생명과 건강이 우선한다고 분명히 말하고 있지 않은가.

이스라엘 역사에서 최대 현인으로 간주되는 랍비 마이모니드

즈Maimonides는 할례에 관하여 이렇게 쓰고 있다.

할례의 목적 중 하나는 성을 억제하는 데 있다. 성기를 약화시키기 위하여 포피를 베어 낸다. 할례가 성적 기쁨의 강도를 약화시킨다. 성기에 있는 피를 잃거나 귀두를 덮는 껍데기를 제거할 경우 성기는 약해진다.

의사이며 랍비인 그의 말은 최근에 와서야 이해되기 시작한 포피의 질병 예방 역할과 성적 기능을 말하고 있다. 할례를 고수하기 위해 쓴 글이지만 현재에는 여러 각도에서 그의 저서를 해석하고 있다.

유대 인과 할례에 대해 허심탄회하게 대화할 수 있을까

유대 인들에게 할례의 통증, 상처, 위험 등을 이야기하면 대부분 지적하는 내용에 동의도 하고, 어떤 부분은 불합리하다는 것도 인정한다. 하지만 결론은 '그래도 우리들은 이 전통을 따라야 한다고 믿는다'이다. 어떤 이들은 매우 화를 내며 확고한 의학적 증거와 진정한 인간적 관심을 반 유대주의자의 공격으로 매도하기도 한다.

유대 인 박해자들은 항상 할례를 뿌리 뽑고자 했다. 기원전 168년 시리아의 에피판스 엔티오커스Epiphanes Anthiochus 4세는 할례한 아이와 그 부모를 모두 사형시켰다. 기원 후 135년 로마 황제 하드리안Hadrian은 유대교 가르치기, 안식일 지키기, 할례 행하기를 법으로 금지하였고 이를 위반한 자들을 엄벌에 처했다.

유대 인들은 할례에 대한 어떤 탄압에도 굴하지 않고 이 신앙의 징표를 포기하지 않았기 때문에 매번 수천 명이 고문을 당하고 목숨을 잃었다. 할례를 위한 순교는 중세 스페인, 구소련 및 나치 정권에서도 계속되었다.

할례는 유대 인에게 단지 믿음의 상징뿐 아니라 무시무시한 탄압에 대항하였던 충성, 용기, 투쟁을 상징한다. 유대 인들은 그들이 행하는 할례가 옳다고 믿기에 심지어 '죽음의 골짜기'에서도 할례를 행하며 그들의 단일성과 믿음을 주장해 왔다.

유대 인들에게 이 역사는 트라우마 같은 것이다. 그래서 아무리 완곡하게 표현하여도 할례에 대한 부정적 비평이나 의견은 아픈 역사의 기억을 되살리는 동시에 강력한 탄압의 메시지로 전달되는 것 같다.

할례와 유대 단일성

많은 유대 인들은 할례에 대하여 반박을 받을 때마다 하나님의 명령(창세기 17 : 11~14)이기에 무조건 따라야 한다고 말한다. 그럼 과연 모든 유대 인들이 성경에 있는 모든 내용을 있는 그대로 지키고 있을까? 실상을 파악해 보면 아주 소수의 유대 인을 제외하고는 그렇지 않다.

정통 유대 교회를 다니는 여인 중 단지 32%만이 '좋은 유대 인으로 살기 위해서는 하나님에 대한 믿음이 가장 중요하다'고 믿고 있다. 여성이 남성에 비하여 훨씬 종교적이기 때문에 이 조사에 남자까지 포함한다면 그 비율은 더욱 낮아질 것이다. 유대 인들은 성경의 613개 율법 대부분을 지키지 못하고 있다. 심지어 초정통파 유대 인들도 자기 집의 종이나 손님에게까지 할례를 행하라는 할례 율법(창세기 17 : 12)을 지키려고는 꿈도 꾸지 않고 있다.

개혁주의자, 자유주의자, 무신론자 및 유대 공동체와 무관한 유대 인들에게 이러한 불일치는 더욱 현저하게 나타난다. 개혁주의자와 자유주의자는 자유로이 율법을 선택하여 전통을 현대화하고 비유적인 방법으로 성경을 좀 더 이해하기 쉬운 방식으로 재번역하고자 한다. 무신론자나 유대 공동체와 무관한 사람들은 전통 따르기를 자주 거부한다. 그러나 위의 네 부류 유대 인들도 그들의 아들에게는 할례를 행한다. 이는 이들이 아직도 정신적으로 엄격한 전통주의자들에게 묶여 있다는 것을 보여 준다.

그럼 도대체 무엇이 이 불합리한 전통에 그들을 묶어 놓은 것일까. 그것은 신의 명령이 아니라 '따돌림에 대한 두려움'이다. 사슬을 끊는 존재로서의 공포이고 역사적 중압감과 문화적 압박이다. 그래서 아무리 할례를 반대하고 싶어도 이 모든 것들이 스스로를 나약하게 만든다.

이러한 이유 때문에 할례는 유대 단일성 유지를 위한 풀 수 없는 실뭉치로 보인다. 단일성에 대한 도전은 유대 인들이 이미 경험한 유대 인 생존권 그 자체에 대한 도전과 같아 보인다. 그렇다면 여기서 유대 인 단일성에 대하여 몇 가지 질문을 던져 보자.

첫째, 어떤 유대 인이 단일성을 가지는가? 유대 여성들은 할례와 같은 표시나 흉터 없이 4000년 넘게 단일성을 유지하여 왔다. 할례가 유대 단일성에 절대 필요한 조건이라면 우리는 유대 인 중 52%인 여성들은 단일성이 없다고 이야기해야 한다.

둘째, 할례는 유대 인만의 고유한 것이 아니다. 포경 수술은 모슬렘 국가, 일부 아프리카 국가, 호주, 한국 및 미국에서도 보편화된 의식이다.

셋째, 어떤 랍비는 할례가 그들을 양 떼(믿음) 안에 머물게 한다고 주장하지만 그렇지 않다. 할례와 상관없이 유대 젊은이들이 유대교를 떠나고 있다.

넷째, 유대법에 따르면 유대 여성에게서 태어난 남성은 할례 여부와 상관없이 자동으로 유대 인이 된다.

문화적 변화는 가능한가

모든 문화는 진화한다. 한 시대에 없어서는 안 될 것이 다음 세대에서는 과하거나 불필요한 것이 될 수 있다. 좋은 예로 중국의 전족 풍습이 있다. 전족은 어린 소녀나 여성의 발을 인위적으로 묶어 성장하지 못하게 하는 것으로 10세기 초부터 20세기 중화인민공화국이 수립될 때까지 거의 1000년간이나 중국에서 지속되었다. 지금은 세계의 악습 중 하나로 손꼽히지만 이 행위가 금지된 1920년대까지 전족은 중국인들 삶에 있어서 절대적으로 필요한 요소였다. 비슷한 예로, 중부 우간다의 사빈 족은 오랫동안 행해져 온 여성의 할례 의식을 최근 버렸다.

영국에 거주하는 유대 공동체의 젊은 부모들은 비록 소수이긴 하나 아들에게 할례 행위를 못 하게 하고 있다. 그들은 남자아이나 여자아이 모두 폭력적 의식 없이도 유대 공동체와 더 넓은 세상에서 환영받기를 원한다. 유대 인 부모들의 가장 큰 두려움은 그들의 아이들이 할례를 받지 않았기 때문에 공동체에서 배척당하는 것이다. 그러나 더 이상 이러한 염려를 할 필요는 없을 것 같다. 사실상 할례를 받지 않은 어린이와 그들의 부모도 공동체의 한 일원으로 굳건히 남아 있다.

지금까지 할례는 유대정신의 중요한 상징이었다. 주임 랍비인 색스Sacks는 영국 1992년 BBC사와의 라디오 회견에서 '할례의 목적은 성행위를 신성하게 만드는 것'이라고 말했다. 기자의 '어떻게?' 라는 질문에 그는 '인과관계가 아니라 상징적 의미' 라고 답변하였다. 그러나 아기에게 할례는 상징이 아니다. 위험하고 고통스러운 현실일 뿐이다.

앞에서 우리는 유대교 안에서도 할례를 반대하는 움직임이 상당한 기세로 존재함을 보았다. 이러한 유대 인들은 한국의 포경수술에 관하여서는 어떻게 생각할지 문득 궁금해진다.

성경 속 할례 이야기

가끔 우리나라 기독교 신자들로부터도 포경 수술(할

례)은 '하나님과의 약속이므로 하는 것이 좋지 않겠느냐'는 말을 듣는다. 성경에 할례에 대한 이야기가 나오므로 기독교 신자들은 그렇게 생각할 수 있을 것도 같다. 그리고 주된 이유가 아닐지언정 일부 기독교인들에게는 포경 수술을 하는 '배경 이유'로서 충분해 보인다.

현재 우리나라 기독교 인구가 전체 인구의 1/4에 이른다는 점을 감안하면 기독교와 할례의 역사적 관계를 짚어보고 넘어가는 것은 상당히 의미가 있는 일이다.

초기 기독교는 유대교에 그 뿌리를 두고 있었다. 따라서 유대 교회의 장로들(베드로, 바울 등)은 물론이고 초기 신자들 역시 대부분 할례를 받은 유대 인들이었다.

그런데 베드로가 하나님의 계시를 받아 이방인을 유대 인과 구별하지 않고 기독교인으로 받아들이게 되면서 할례 문제는 심각하게 대두된다. 즉 할례를 받지 않은 이방인들이 기독교로 개종하려면 할례를 받아야 하는가 하는 문제가 발생한 것이다. 여기에는 현실적으로 그리스와 로마인들에게 할례를 권유할 수가 없다는 배경도 있었다. 공공장소에서 나체로 다니는 것을 어색하게 생각하지 않았던 그리스와 로마인들은 귀두가 노출되는 것을 터부시했기 때문이다. 그러다 보니 할례란 그들에게 매우 기이하고 이방적인 풍속이었고 노골적인 반감을 드러내었다.

그럼에도 불구하고 어떤 유대 인들은 이스라엘로부터 내려와서까지 이방인에게 할례를 강요한다

어떤 사람들이 유대로부터 내려와서 형제들을 가르치되 너희가 모세의 법대로 할례를 받지 아니하면 능히 구원을 받지 못하리라 하니…. **사도행전 15 : 1**

이로 인한 분쟁 때문에 바울과 바나바는 급기야 안디옥에서 예루살렘까지 가서 사도들의 우두머리 격인 베드로와 예수의 동생인 야고보의 의견을 묻기에 이른다(바울의 제 3차 예루살렘 방문). 이에 대해 예루살렘에서는 바리세파에 속하는 일부 유대 인 기독교들인은 '이방인들도 할례를 하고 모세의 율법을 지켜야 한다.'고 했다.

바리새파 중에 어떤 믿는 사람들이 일어나 말하되 이방인에게 할례를 행하고 모세의 율법을 지키라 명하는 것이 마땅하다 하니라. **사도행전 15 : 5**

이에 대하여 베드로와 야고보는 율법과 할례 없이 예수의 은

혜로 구원받는다는 것을 분명히 하면서 다음과 같이 할례의 불필요함을 강조하였다.

> 다만 우상의 더러운 것과 음행과 목매어 죽인 것과 피를 멀리 하라고 편지하는 것이 옳으니…. **사도행전 15 : 20**

이때 할례의 무용성과 율법 강요 금지가 결정되었다. 이 후에도 바울은 기회 있을 때마다 할례의 무용성, 더 나아가 해악을 설교한다. 이방인들에게 행하는 할례를 실제적으로 차단한 것이다.

> 그러나 나와 함께 있는 헬라인 디도까지도 억지로 할례를 받게 하지 아니하였으니…. **갈라디아서 2 : 3**

> 보라, 나 바울은 너희에게 말하노니 너희가 만일 할례를 받으면 그리스도께서 너희에게 아무 유익이 없으리라. 내가 할례를 받는 각 사람에게 다시 증언하노니 그는 율법 전체를 행할 의무를 가진 자라. 율법 안에서 의롭다 함을 얻으려 하는 너희는 그리스도에게서 끊어지고 은혜에서 떨어진 자로다. **갈라디아서 5 : 2~4**

무릇 육체의 모양을 내려 하는 자들이 억지로 너희에게 할례를 받게 함은 그들이 그리스도의 십자가로 말미암아 박해를 면하려 함뿐이라. 할례를 받은 그들이라도 스스로 율법은 지키지 아니하고 너희에게 할례를 받게 하려 하는 것은 그들이 너희의 육체로 자랑하려 함이라. 그러나 내게는 우리 주 예수 그리스도의 십자가 외에 결코 자랑할 것이 없으니 그리스도로 말미암아 세상이 나를 대하여 십자가에 못 박히고 내가 또한 세상을 대하여 그러하니라. 할례나 무할례가 아무 것도 아니로되 오직 새로 지으심을 받는 것만이 중요하니라. **갈라디아서 6 : 12~15**

하지만 이와 같이 할례에 대하여 일반적으로 반대하는 입장을 보였던 바울도 디모데에게는 할례를 손수 시켜서 흥미롭다.

바울이 더베와 루스드라에도 이르매 거기 디모데라 하는 제자가 있으니 그 어머니는 믿는 유대 여자요 아버지는 헬라인이라. 디모데는 루스드라와 이고니온에 있는 형제들에게 칭찬 받는 자니 바울이 그를 데리고 떠나고자 할새 그 지역에 있는 유대 인으로 말미암아 그를 데려다가 할례를 행하니 이는 그 사람들이 그의 아버지는 헬라인인 줄 다 앎이러라. **사도행전 16 : 1~3**

여기서 보면 디모데는 유대 인 사역을 위하여 할례를 시킬 수밖에 없었던 것으로 보인다. 즉 어머니가 유대 인이면 유대 인으로 여기는 관습과, 유대 인에게 사역할 때는 아무래도 할례를 받는 것이 유리하다고 판단했던 것 같다.

더 흥미로운 것은 바울이 고린도전서에서 말하는 다음과 같은 구절이다.

> 할례자로서 부르심을 받은 자가 있느냐 무할례자가 되지 말며 무할례자로 부르심을 받은 자가 있느냐 할례를 받지 말라. **고린도전서 7 : 18**

우선 이상한 점이 있다. 이방인이 할례를 받는 것은 물론 가능하다. 그렇지만 어떻게 할례자로 부르심을 받은 자가 '무할례자'가 될 수 있을까? 비슷한 내용이 구약의 외경 중의 하나인 마카베에도 나온다(Maccabees 1 : 14~15). 이것을 이해하기 위하여서는 깊은 역사적, 언어학적 이해가 필요하다.

우선 '무할례'라는 말을 이해해야 한다. 이는 영어로 'uncir-cumcision'인데 우리에게는 도저히 이해되지 않는 생소한 말이다. 사실 우리나라 성경에 나와 있는 '무할례'라는 말은 엄밀히 말해서 틀린 번역이며 '반反할례'라고 하는 것이 더 적당할지도 모른다. 번역이야 어찌되었든 우리에게는 전혀 이해되지 않는 말이다. 'The Uncircumcised'라는 말이 이방인을 가리키는 말이었으니 그냥 유대 인에게 이방인처럼 행동하지 말라는 것을 가리키는 것일까?

루빈Rubin은 '무할례'는 사실 포경 수술을 받은 유대 인들이 이방인처럼 보이고 행동하기 위하여 (때로는 생존을 위하여) 포피를 인위적으로 늘이는 운동 또는 수술로 생각했다. 브랜디스와 맥안인치Brandes & McAninch에 의하면 이미 로마의 셀서스는 2000여년 전인 기원후 14~37년경에 쓰인 그의 저서 〈의학에 관하여De Medicina〉에서 이러한 수술을 언급하고 있다.

할례를 받은 자가 다시 귀두를 포피로 덮고 싶다면 이를 위한 수술은 가능하다.

이러한 '반포경 수술/반포경 수술 운동'은 로마 시대뿐 아니라 2차 세계 대전 중에도 유대 인들의 생존 수단으로 이용되기도 했다. 왜냐하면 독일 나치가 유대 인인지 아닌지를 포경 수술의 여부로 가려내었기 때문이다. 바울이 말하는 '무할례자가 되지 말며'라는 말은 바로 이 반포경 수술을 하지 말라는 뜻으로, 바울은 육체에 지나친 중점을 두는 것을 경계하였던 것이다. 따라서 할례자에게는 무할례자가 되지 말 것이며 무할례자에게는 할례자가 되지 말 것을 권유한 것이다.

여기에서 반포경 수술이 바울의 시대에 상당한 인기를 얻고 있었음을 거꾸로 유추할 수 있다. 재미있는 것은 이 시대의 '반포경 수술 운동'인데, 로마 시대에는 주데움 폰둠Judeum Pondum이라는 무거운 구리 튜브를 성기에 부착함으로써 유대 인들이 잘려나간 포피를 늘이려고 노력하였다. 성공 여부는 매우 의심스러우나 오늘날의 포피 복원도 사실 이와 큰 차이가 없다.

결론적으로 초기 기독교의 장로들은 할례 문제에 대하여 매우 발 빠른 움직임을 보였고 기독교인이 되는 데 있어서 포경 수술이 필요하지 않다는 입장을 명확히 했다.

할례와 관련된 문제가 이렇게 신속하고도 분명하게 결론이 내려진 데에는 실제적인 면과 영적인 면 양쪽 모두에서 그 이유를 찾을 수 있다. 실제적인 면에서는 이방인들의 전도를 용이하게 하기 위한 결정이었으며 영적인 면에서는 육체나 율법에 집착하지 말라는 교훈이었던 것이다. 이런 배경이 있었기에 유럽, 러시아, 중남 아메리카 등의 대다수 기독교 문명권의 남성들이 '자연 그대로' 남을 수 있게 되었다. 만일 그때 이방인에게 할례를 강요하였다면 기독교가 이처럼 세계화될 수 있었을지 의문이다. 기독교인이 되려고 할례를 받을 필요가 없다는 초기 기독교의 결정이 유럽과 중남미 인들이 포경 수술을 받지 않는 근거가 되었고, 아울러 기독교가 세계에 널리 퍼질 수 있게 해 준 중요한 결정이었기 때문이라고 본다.

종합해 보면, 현재 한국의 일부 기독교인들이 지니고 있는 막연한 성경-할례-기독교의 연관은 전혀 근거가 없는 것이며 오히려 매우 비성경적이라고도 할 수 있다. 중세 기독교는 할례에 대하여 매우 적대적인 태도를 취했다. 할례를 생명과 같이 여기는 유대 인들에게 '너희는 육체를 너무 중요시 한다'라는 식으로 공격했다.

이렇게 2000년 동안 할례와 기독교는 적대적인 관계에 있었다. 그러다가 19세기 영국과 미국에서 포경 수술이 의학적, 위생적 목적으로 이용하면서 상황은 급변하게 된다. 기독교가 취했던 할례에 대한 적대적인 태도는 거꾸로 유대교가 할례에 비정상적으로 집착하게 되는 아이러니컬한 결과를 낳게 되었다.

이슬람교와 여성 포경 수술

만일 모하메드와 그의 후손들이 수많은 정복 전쟁에서 승리하지 않았다면 세계적으로 포경 수술을 하는 남성의 비율은 현재보다 훨씬 적었을 것이다. 현재 세계에서 포경 수술을 한 남성은 20% 정도인데 그 절대다수는 모슬렘이다. 유대교 인구는 그 수가 워낙 적고 미국의 포경 수술도 많이 줄어드는 추세이기 때문이다. 남한의 인구는 모슬렘 전체 인구와는 비교도 되지 않을 정도로 적다. 따라서 근시적으로 보면 현재 전 세계적으로 '포경 수술을 한 남자 = 모슬렘'이라는 등식이 성립한다. 이러한 면에서 모슬렘의 포경 수술을 조사해보는 것은 매우 중요하고 흥미로운 일이다.

우드워드Woodward은 아브라함이 할례를 유대 인의 표식으로 삼기 이전(약 4000년 전)에도 중동과 북부 아프리카 지방에서는 포경 수술이 존재했으며, 그 일례로 6000년 된 이집트 미라에서 이미 할례의 흔적을 발견하였다고 발표하였다. 또한 이슬람교 이전에도 중동의 아랍인들은 할례를 널리 시행하였다. 이러한 사실은 이슬람교 이전의 서사시 등에서 할례가 언급되고 있는 것을 보아도 자명하다.

유대교와 이슬람교 둘 다 거의 모든 남성들이 할례를 받지만 그 배경은 매우 다르다. 유대 인에게 있어서 할례는 아브라함으로부터 비롯된, 여호와와 유대민족과의 끊을 수 없는 약속이다. 반면에 모슬렘에게 할례는 단순히 아브라함으로부터 비롯된 전통일 뿐 알라신과의 약속은 아니다. 코란에 할례에 대한 언급이 전혀 없는 것도 바로 이 때문이다. 이러다보니 생후 8일째에 할례를 받는 유대 인과는 달리 모슬렘들의 할례는 그 시행 시기나 방법 등에서 지역적, 문화적 변이가 매우 크다. 모슬렘에게 있어서 할례는 '청결'의 의미가 오히려 크다. 오래된 이슬람 저서들에서는 할례가 손톱을 깎거나 이를 쑤시는 행위 등과 같이 언급되어 있을 정도다.

이슬람교는 코란의 율법을 서로 다르게 해석하는 6개의 학파로 크게 나눌 수 있다. 하나피트Hanafite, 자파리트Jafarite, 말리키트Malikite, 한발리트Hanbalite, 샤피이트Shafiite와 자이디트Zaidite가 그것이며, 이들 학파의 이름은 각 학파를 대표하는 학자들의 이름에서 따온 것이다. 이 중에서 할례를 의무적이라고 해석하는 학파는 샤피이트 뿐이다. 다른 학파들은 할례를 권유할 뿐이다. 물론 결과적으로 절대 다수의 모슬렘들이 언젠가는 할례를 받는다는 사실은 변하지 않는다. 그럼에도 불구하고 유대교와의 가장 큰 차이는, 엄밀히 말해서 할례는 모슬렘이 되는 필요조건이 아니라는 점이다. 단지 할례는 모슬렘으로서의 신체적 상징이라고 여겨질 뿐이다. 다시 말하지만 유대교로 개종한 남성은 반드시 할례를 받아야 하며 그럼으로써 여호와와 아브라함과의 약속을 이행하게 된다. 이슬람교로 개종한 사람은 반드시 그럴 필요는 없다.

반대로 모슬렘의 할례 풍습을 다른 소수 종교인들이 따르기도 한다. 예를 들어 파키스탄에 있는 소수의 기독교인 중 약 1/3은 할례를 받았다. 반면에 파키스탄에 사는 힌두교도나 불교도들은 의학적 이유(인구의 약 1%에 불과한 포경환자)가 아니고는 포경 수술을 받지 않는다고 한다.

무스타파Mustafa 등은 '모슬렘의 할례는 유대교도의 할례와 그 시술 시기에 있어서도 큰 차이를 보인다. 유대교도들이 생후 8일째에 포경 수술을 받는데 반하여 이슬람 학자들 간에는 그 시기에 대한 의견이 분분하다. 선지자 중의 하나인 무하마드Muhammad는 어릴 때 하는 것을 권고하였다. 반면에 알—마와디Al-Mawardi는 생후 7일 만에 할례를 하는 것을 권장하면서 아이의 건강을 고려하여 생후 40일까지 또는 만 7세까지는 수술을 늦추어도 좋다고 주장하였다'라고 보고하였다. 파키스탄에서는 병원에서 출산된 아이의 경우 퇴원 전에 수술을 받는 것이 상례이다. 병원이 아닌 집에서 낳은 아이의 경우에는 대부분 만 3~7세 때 포경 수술을 받는다. 농촌의 경우 대부분의 아이들이 만 5~7세 때 포경 수술을 받으며 경우에 따라서는 사춘기나 그 이후에 시술을 받기도 한다.

할례를 누가 시술하는가에 있어서도 유대교와 이슬람교는 많은 차이를 보인다. 유대교의 경우에는 오랜 경험과 훈련을 쌓은 모헬이 할례 시술의 주체이다. 이슬람교의 경우에는 대부분 마을의 할례 전문가, 이발사, 의료 관계 인력 등에 의하여 이루어지며 아주 드물게 의사가 한다. 이러다 보니 위생 상태를 비롯하여 여러 가지 문제점들이 발생한다. 이러한 경향은 상대적으로 빈곤한 파키스탄이나 터키에서 더 심하여 85~95%의 할례가 비전문가들에 의하여 비위생적으로 이루어지고 있다. 반면 경제적으로 부유한 석유 생산국들의 경우 약 85%의 할례가 병원에서 이루어진다고 추정된다.

이슬람 국가들의 경우 할례가 비위생적인 상황에서 이루어지는 일이 많다보니 다수의 부작용이 동반된다. 예를 들어 한 파키스탄의 보건소는 5년 동안 281건의 수술 부작용을 보고하였다. 이중 과다 출혈이 52%로 가장 많았고 감염 등이 그다음순이었다. 이중에서 심각한 피부 손상도 있었는데 이런 경우는 정상적인 성기 발달이 어려울 것으로 보인다. 심지어 두 건의 사망도 보고되었다. 이러한 관점에서 볼 때 우리나라에서 한때 유행하였던 '자가 포경 수술 기구' 같은 것은 참으로 웃지 못할 사회 현상이라고 할 수 있다.

유대교의 할례와 이슬람교의 할례가 다른 점 또 하나는 이슬람교 문화권 중 이집트와 일부 아프리카 국가들은 '여성 포경 수술'을 상습적으로 시행하고 있다는 점이다. 물론 여성 포경 수술과 이슬람교는 아무런 직접적 관련이 없다. 이슬람교 이전의 고대 이집트에서도 여성 포경 수술은 시행되었던 적이 있다. 반면 사우디아라비아, 이란, 터키 등의 국가에서는 여성 포경 수술이 시행되지 않는다. 여성 포경 수술이라 함은 여성의 음핵 주위의 일부를 잘라 내는 것을 말하며 1994년의 WHO(국제보건기구) 보고서에 의하면 전 세계적으로 8,500만 명에서 1억 1,400만의 여성들이 이 수술을 받고 살고 있다.

남성 포경 수술이 해부학적으로 정확히 수술부위를 정의할 수 있는 반면에 여성 포경 수술은 그렇지가 못하다. 음핵 부근의 매우 작은 부위의 피부를 잘라 내는 경우도 있고 심지어 음핵 전체를 잘라내기도 한다. 차드Chad와 감비아Gambia 같은 나라들에서는 한 걸음 더 나아가 음핵뿐 아니라 음순도 잘라 내며 질 입구를 봉합하여 소변과 월경만 가능하게 하는 야만적인 행위까지도 서

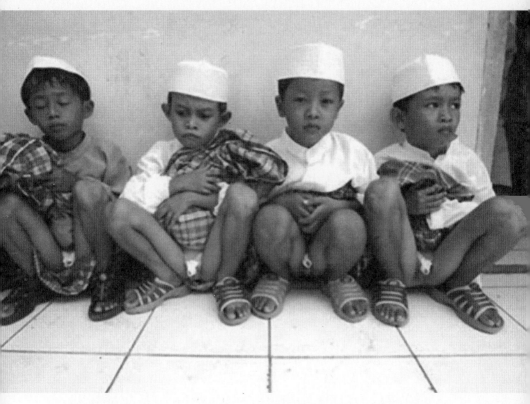

| 할례 받은 이슬람 소년들 | 할례를 받고 성기에 붕대를 감은 채 일렬로 앉아 있는
이슬람 소년들 (*www.elakiri.com*)

습지 않는다.

이슬람교와 여성 포경 수술은 원칙적으로 아무 관련이 없다. 다만 일부 이슬람 국가들이 이것을 행하고 있을 뿐이다. 최근 이집트의 대법원에서는 여성 포경 수술이 코란과 아무런 관계가 없으며 따라서 정부가 이러한 풍습을 금지시킬 수 있다고 결정하였다.

결론적으로, 이슬람 국가의 포경 수술은 그 근원과 해석은 다르나 거의 모든 남성들이 수술을 받는다는 점에서는 유대교와 다를 것이 없으며 다만 그 시술 시기에 있어서 유대교보다 더 다양성을 지닌다고 할 수 있다. 또한 일반적으로 유대교의 포경 수술에 비하여 더 많은 부작용이 있다는 것을 알 수 있다.

내 껍데기 돌려줘

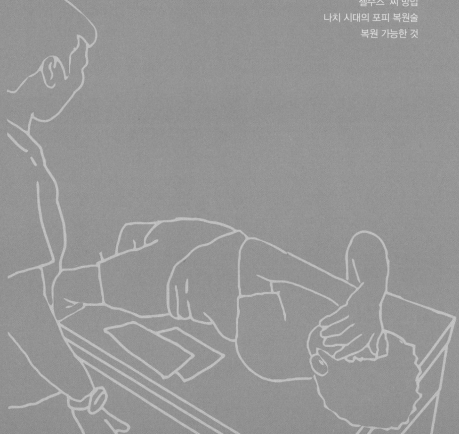

고대의 포피 복원술

포피 복원술은 고대로부터 시행되어 왔다. 역사적으로 포피 복원술은 귀두가 노출되는 것을 터부로 여겼던 사회에서 특히 중요했다. 포피 복원술에 대한 가장 오래된 문헌은 신구약 성경에서 많이 볼 수 있다. 고대 로마 시대에는 체력 단련장과 목욕탕에서 옷을 모두 벗고 운동을 하거나 목욕을 하였는데 포피가 없어 귀두를 덮지 못하는 사람을 사회적으로 용납하지 않았으며 추하게 여겨졌다. 포피가 없는 성기는 수술에 의한 것이든지 선천적으로 짧건(없건) 간에 보기 흉하고 기형적인 것으로 간주되었다. 또한 공개적으로 포피를 젖히는 행위도 용납되지 않았다. 실제로 포피가 젖혀져 귀두가 노출되는 것을 방지하기 위하여 원형의 안전핀같이 생긴 기구를 포피의 가장자리에 가로질러 부착시키는 음부 봉쇄술이 흔하게 시행되었다.

고대의 포피 복원술은 건강상의 목적이 아니라 단지 외형적인 이유 때문이었다. 더욱이 로마에 살던 많은 유대 인들은 그들이 유대 인이라는 사실을 숨기기 위해 포피 복원술을 시행하였다. 마카비서^下, 탈무드 및 고린도서에 보면 포피 복원술을 시행한 문헌들이 나와 있다. 이집트 인들도 한때 관례적으로 포경 수술을 시행하였으나 로마 시대부터 이러한 통상적인 포경 수술은 성

직자들 사이에서만 시행되었다.

주데움 폰둠

로마 시대에는 포피 복원을 위하여 '주데움 폰둠Judeum
Pondum'이라는 기구를 사용하였다. 사용법은 비교적 간단하다. 깔
때기 모양으로 생긴 구리 튜브를 음경체 주위에 부착시키는 방식
이었다. 무거운 구리 튜브가 성기의 피부를 잡아당기고, 당겨진
귀두를 덮을 수 있는 새로운 포피를 형성하길 바라며 시도한 방
법이었을 것이다. 하지만 이러한 방법이 지속적인 효과를 나타냈
는지는 알 수 없다.

'첼수스' 씨 방법

포피 복원술의 수술적 기법에 대해 자세하게 기술한
최초의 문헌들 중 하나는 '첼수스Celsus'가 쓴 것이다. 첼수스는 서
기 1437년에 쓴 그의 저서 '드 메디치나'에서 두 가지 수술 방법
에 대해 기술하였다. 그는 자신의 수술 방법 중 하나는 포경 수
술을 받은 사람에게 시행하는 '포피 복원술decircumcision'이라고 하

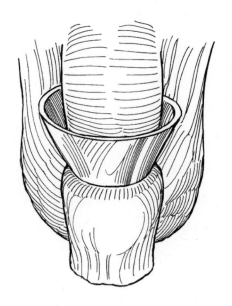

| 주데움 폰둠 | 로마 시대에 무게로 음경 피부를 당겨 포피 복원을 하는 데 이용된 깔때기 모양의 구리로 만든 기구 (*British Journal of Urology, 1999*)

였으며, 다른 방법은 선천적으로 포피가 없는 사람에게 시행하는 '포피 재건술reconstruction' 라고 하였다. 외형적으로 가장 좋은 결과를 얻기 위한 이상적인 수술의 대상자는 귀두부가 작으면서 성기 피부가 느슨한 소년이나 청년이었다고 한다. 포경 수술로 포피가 제거된 경우보다는 선천적으로 포피가 없거나 발달이 미약한 경우가 더 선호되었다.

나치 시대의 포피 복원술

포피 복원술은 2차 세계 대전 중 다시 부활하였다. 포경 수술이 유대 인을 제외한 다른 유럽인들에서는 거의 행해지지 않았기 때문에 나치는 이를 통해 유대 인을 색출할 수 있었다. 나치가 폴란드를 점령하였을 때 포피 복원술을 많이 시행하였던 바르샤와 의사들의 보고서가 있지만 그 당시 시행했던 수술의 결과나 성공 여부, 수술 방법들에 대해 밝혀진 것은 많지 않다. 불행하게도 결과는 일반적으로 좋지 않았으며 포경 수술로 인해 목숨을 잃을 위기에 있던 사람들이 이용했을 것으로 예상된다.

훗날 영화제 수상작의 소재가 되었던 '솔로몬 페렐'의 전쟁 회

고록에서 폴란드 태생의 유대 인 고아인 '페렐'은 독일인으로서 자신을 숨기고 살았던 경험을 기술하였다. 아이러니하게도 그는 히틀러 소년 군사 학교에서 아리아 인의 모범으로 추앙받기까지 하였지만 포경 수술 때문에 유대 인이라는 것이 발각될까 봐 항시 두려움에 떨었다. 그는 다른 사람 앞에서는 옷을 벗지 않았고 귀두 주위의 피부를 봉합하여 포피를 만들려고 했지만 성공하지 못했다. 페렐과 같이 많은 유대 인들이 포피 복원술을 시도하였지만 대다수 아니 일부에서라도 성공적이었는지는 의심스럽다.

다른 포피 복원술 방법으로는 외과적 접근법이 있다. 주데움 폰둠과는 다르게 음경의 피부를 귀두 쪽으로 오랜 기간 당기는 방법들이 보고되었다. '굿윈'은 음경의 잉여 피부를 얻기 위해 조직 확장기를 이용하였다. 그 외 3~4가지 외과적 방법이 보고되었다.

복원 가능한 것

포피 복원술은 일종의 성형수술로서 많은 의학적, 정신적 문제를 동반한다. 또한 포피 복원술과 관련 보고들은 추적 관찰이 되지 않은 주로 일화적인 수준의 것들이다.

이러한 이유로 저자들은 포피 복원술에 대해 매우 조심스러운 입장이다. 'pop119.com' 게시판에 다양한 방법과 그 성공담들을 볼 수 있다. 어떤 방법을 쓰건 포피의 복원이 성공적이였다면 비록 신경 등 잘려 잃어버린 부분의 복원은 불가능해도 성교 시 미끄럼 운동, 귀두 고유의 색과 외형, 성기 길이와 둘레의 복원등은 가능하다고 생각한다.

포경 수술 FAQ

포경 수술과 관련하여 자주 묻는 질문을 정리해 보았다.
모든 내용은 이미 본 저서에서 자세히 다루었으나 편의상 다시 간단하게 답변한다.

Q | 저는 포피가 너무 긴데 포경 수술 안 해도 될까요?

A | 포피의 길이와 상관없이 포피는 젖혀지기만 하면 정상입니다. 포피의 길이는 사람마다 다르며, 고대 그리스 로마 시대에는 포피의 길이가 길수록 더 남자다운 것으로 여겼습니다. 현재 유럽에서도 그렇습니다. 포피의 길이와 상관없이 포피는 젖혀지기만 하면 정상입니다.

Q | 포경 수술 안 한 아이를 씻길 때 포피를 젖히면서 씻겨야 하나요?

A | 어릴 때 포피가 귀두를 완전히 덮고 있는 것은 자연스러운 것입니다. 젖히면서 씻기면 오히려 염증이 생깁니다. 나이가 들면서 자연히 뒤로 물러나게 됩니다. 물리적, 정신적 충격이 될 수 있으므로 포피는 당

사자가 아닌 경우 젖혀선 안 됩니다.

Q | 군대 가면 포경 수술을 강제로 시키나요?

A | 말도 안 되는 이야기입니다. 그런 거짓말 믿지 마세요. 인터넷을 검색해 보면 아니라는 이야기가 수도 없이 나옵니다. 군대에서 포경 수술하고 제대하는 분위기였던 적이 오래전에 있긴 했습니다만 지금은 아닙니다.

Q | 자연 포경이란 무엇인가요?

A | 우리나라에만 있는 잘못된 용어입니다. 정상적인 '자연 그대로'의 성기입니다.

Q | 포피와 귀두를 잇는 힘줄이나 핏줄 같은 게 있는데 정상인가요?

A | 포피소대(frenulum)라고 하는 정상 기관입니다. 성감과 관련된 중요한 몇 가지 임무를 수행하고 있습니다. 포경 수술하면 완전 제거되기도 합니다.

Q | 14세인데 포피를 손으로 잡아 뒤로 당겨도 젖혀지지 않습니다. 정상인가요?

A | 남성의 성기는 늦게는 20대 초반까지 발달합니다. 이때까지 젖혀지지 않는 사람들이 약 1~2%정도 된다고 합니다. 이런 경우는 병적인 경우로 '포경'이라고 합니다. 포경 여부는 이때가 되어야 정확하게 알 수 있으니 기다려 보세요. 포경이면 수술을 고려해야 하지만 그 전에 연고를 바르고 뒤로 잡아당기는 연습을 하세요.

Q | 포피를 젖히면 하얀 게 보이는데 이게 무엇인가요? 위생상 문제가 있을 것 같은데 포경 수술 해야 하나요?

A | 치구(smegma)라고 합니다. 나이에 따라, 개인에 따라 다르지만 자연스럽게 있는 것입니다. 목욕할 때 씻으면 됩니다. 사춘기 전후해서 치구가 많아지는데, 포피가 젖혀지기 위한 자연스런 생리 현상입니다. 여성도 치구를 만들어요.

Q | 포경 수술을 안 하고 섹스할 수 있나요?

A | 재미있는 질문입니다. 중국 인구가 얼마인지 아십니까? 전 세계 남성 중 20%만 포경 수술을 했습니다. 나머지 80%의 '자연 그대로'인 남성들도 아기 잘 낳고 살고 있죠.

Q | 포경 수술을 안 하면 여자에게 자궁암 등의 병이 생길 수 있다던데

요?

A | 재미있는 소설입니다. 일본은 포경 수술을 하지 않아요. 그런데 일본 여성들이 세계에서 가장 오래 산다는 것 아십니까?

Q | 포피와 성교는 어떤 관계가 있나요?

A | 포피는 실제로 성교를 돕고 성감을 느끼게 해 주는 일을 합니다.

Q | 포경 수술과 성병은 관계가 있나요?

A | 없습니다. 다시 말하지만 그렇다면 어떻게 일본, 북유럽 사람들이 그렇게 오래 살 수 있습니까? 그들도 우리 못지않게 '문란'합니다.

Q | 저는 포피를 손으로 완전히 젖힐 수는 있지만 바로 다시 돌아옵니다. 내놓고 다닐 수 있어야 하는 것 아닌가요? 이 경우 수술을 해야 하나요?

A | 포피가 젖혀진 후 다시 원위치로 돌아와서 귀두를 덮는 것은 지극히 정상입니다. 정상적인 성기 발달을 이해 못 하는 사람들의 억지에 넘어가지 마세요.

Q | 친구들이 놀립니다. 그래서 하고 싶습니다.

A | 그들은 자신들의 고통에 대한 보상 심리로 그러는 것이에요. 생각.

해 보세요. 아무 쓸데없이 그런 고통을 받았고 부작용도 있는 경우 그것을 인정하고 싶겠습니까? 그러니 자신있게 행동하세요. 현대는 세계화, 다양화의 시대입니다. 신세대라는 이름에 부끄럽지 않게 사십시오. 우리나라에도 이제는 포경 수술 한 사람보다 '자연 그대로'인 남성이 엄청 많습니다. 앞으로 더 많아질 겁니다.

Q | 일본이나 유럽은 포경 수술을 안 한다고 하는데 포르노를 보면 다 했던데요.

A | 잘못 알고 있는 것입니다. 포르노에 나오는 성기는 대부분 발기 상태이기 때문에 수술을 했는지 안 했는지 구별이 어려워요. 발기 시에 뒤쪽에 피부가 약간 겹쳐진 상태로 남아 있으면 포경 수술을 안 했을 가능성이 크고, 피부가 매우 타이트하게 보이는 경우는 포경 수술을 했을 가능성이 많습니다. 실은 목욕탕에 가도 포피를 젖혀 놓고 다니는 남성은 수술 여부를 잘 알 수 없어요. 참고로 동경대학 구와다 코노카미 교수는 포경 수술은 유대 인, 또는 (일본의 경우) 극소수의 병적 증상이 있는 사람들만 하는 수술이라고 알고 있었습니다. 한국의 상황에 대하여 경악을 금치 못했습니다.

Q | 포경 수술이 백인에게는 필요 없어도 우리나라 사람에게는 필요하다

는 말이 있던데요.

A | 사대주의적인, 말도 안 되는 이야기예요. 인류는 하나의 종(species)

입니다. 그렇다면 일본인이나 중국인도 다같이 '열등'해서 필요할 것이

아닙니까?